法治東西談

EAST AND WEST STORIES

—— Portraits of the Rule of Law

李念祖
Nigel N. T. Li

目錄

推薦序

思考法治

陳長文
理律法律事務所資深合夥人

「灋」是「法」的古字，追求公正應如水般的平，故「法」以「水」為部首，「廌」是似麒麟的獨角獸，能以角頂觸除去不公正的人，以「廌」「去」惡而得公平如「水」，就是「法」的意思。

這並不是一本只寫給法律人看的書，說不定它可能更適合法律圈外的朋友閱讀。

多年來，念祖總是熱心地與我分享他對法學（尤其在憲法學與法制史）的新見解，不時捎來他為國內外最新的學術論文和憲法教科書所撰寫的文字。每每翻閱，總能給我帶來新的啟發。這一回，當念祖邀我為這本凝聚其多年法學思考之作寫序時，我第一次深感任重而欣喜。爰提筆，期能為這部凝聚他個人畢生智慧的著作，盡一分棉力。

念祖是我的學生，也是我在理律法律事務所逾四十年的同事。他當年在東吳大學法律系修習我開設的「國際公法」與「國際私法」課程，其後負笈哈佛法學院深造，與我成為校友，更在理律這個大家庭中併肩作戰數十載。

念祖長期執行律師業務，在大學講課至今，從未離開法學研究，特別鍾情於憲法學，總是心繫兩岸的發展，對於兩岸法治的前途，尤其關注。做為第二屆國民大會代表，念祖積極參與憲法增修條文的制定，展現了對憲政改革的熱忱與遠見。自一九八九年涉及兩岸分隔導致重婚問題的「鄧元貞」案開始，念祖便投身憲法訴訟。該案最終促成釋字第二四二號解釋，為無數因時代變局而受困的家庭帶來轉機；再到確立律師與當事人祕密溝通權的一一二年憲判字第九號判決；二〇〇四年，理律法律事務所與理律文教基金會合作出版《理律聲請釋憲全覽》，匯集了事務所經年耕耘憲法訴訟的心血結晶。雖全書署名理律法律事務所，然細讀其中，多數案件均見念祖思想之縱橫精闢與論述之深邃周延。迄今，念祖以訴訟代理人與鑑定人身分參與無數釋憲案件與憲法法庭判決，在在展現了他對憲政人權的執著與堅持，以及對法治理想的畢生追求。

念祖雖常稱我為師（也確實是），這分謙遜讓我倍感溫暖。但坦白說，這些年來我從念祖身上學到的更多，可謂教學相長、青出於藍。他對法治的熱情、對人權的堅持，以及面對艱難案件時永不退縮的勇氣，都讓我深受啟發。做為律師，展現了法律人應有的專業與理想；做為學者，研究深入而富有洞見；做為人權捍衛者，其奉獻值得敬佩。

近來念祖放下了大部分的律師工作，專情於著述，這本書《法治東西談》是他進入憲法與法制史的領域，多年深入思考「法治」這個概念應在中文華人世界如何進行理解的心得，據而寫成的文字紀錄。也可說是要從歷史的角度，體會東方與西方的法律文化異同，其所特別留意者，則是就華人的文化傳統，如何能在從「法制」轉型為「法治」的過程中，排除文化性障礙的問題。

書中特別提到一個耐人尋味的歷史典故：在一九四八年《世界人權宣言》的起草過程中，張彭春代表中華民國以其深厚的中西文化素養，巧妙地避免了人權宣言淪為純粹西方思維的產物。張力主剔除帶有西方宗教色彩的「本性賦有」（human nature is endowed with）等字眼，轉而將傳統「仁愛」思想以「良知」（conscience）的形式寫入《宣言》第一條，「人皆生而自由；在尊嚴及權利上均各平等。人各賦有理性良知，誠應和睦相處，情同手足。」。這個故事正呼應了念祖的核心論點：法治的實踐並非簡單移植西方制度，而是要在對話中尋求共識，在融合中創造新意。

如書中所言，從清末民初變法以來，變法固然是百年屈辱的結果，但是變法一事，原非西方列強所逼迫，而是對於百年屈辱痛定思痛的理性回應。變法的結果，廢除了不平等條約，結束了百年屈辱對主權的傷害；但是變法成不成功，並不只由不平等條約的廢除而決定，變法甚至不該只是為了富國強兵，或與列強平起平坐而已，而是要終結數千年的專制統治。畢竟只有法制卻缺乏法治所帶來的治亂相尋，戰亂頻仍，反覆生靈塗炭的歷史將不斷輪迴。

一九一一年十月十日中華民國在武昌革命戰火中始立，建國伊始裁判多援引《大清律例》，但隨即著手書寫《民法》、《商法》、《智慧財產權法》、《刑法》與《訴訟法》等，更制定了主權在民的《憲法》。在台灣地區行憲至今已逾七十五年，堪稱華人歷史上一段罕見的民主憲政實驗。儘管這段歷程曾經歷一九四九年戒嚴、一九八七年解嚴、一九九一年終止動員戡亂等波折，民主法治一度沉寂，但中華民國台灣地區（以下簡稱台灣）始終未偏離追求法治的道路。然而，面對當前挑戰，我們仍需戒慎恐懼。一方面，現代法治的根基尚待深化，與理想狀態仍有距離；另一方面，在既有成就之上，更須警惕法治倒車的現象。

歷史上，英國從一二一五年《大憲章》、一六二八年《權利請願書》，到一六八九年光榮革命才完成英王虛位化，費了四百七十餘年；美國則從一七七六年《獨立宣言》、一七八九年《聯邦憲法》，到一八六五年南北戰爭結束廢除黑奴制度，費了八十九年。至於滿清末中國所師法的日本，從一八八九年明治憲法到一九四七年戰後憲法，民主法治的發展歷經曲折而漸趨穩定，也已過百年。從這些國家的歷史經驗觀之，建立法治國家，必然需要許多世代長期不懈的努力，不會一蹴可幾。而國父孫中山先生正是在這些國家的遊歷中，親身體會法制到法治的真諦。他在英國目睹議會政治的運作，在美國感受三權分立的精髓，在日本見證明治維新後的制度變革。這些經歷深刻影響了國父建立中華民國的理想藍圖。如今看來，自一九四七年行憲迄今的七十五年民主實踐，與這些國家走過的法治歷程，確有異曲同工之處。

念祖執筆著述，特別重視司法在法治中的獨特功能。他先重點式地回顧了東西方司法「文化的歷史論述」，再以司法為主軸，有系統地耙梳從「法制」走向「法治」的變法途中，所遇到的各種因文化差異而生的觀念障礙、錯位、不協調與不適應。對照華人社會的傳統，「司法獨立」等現代法治理念實非我們文化所固有，而是在與西方文明交會中逐步摸索、建構而來。這當中既有對既有文化的辨異，也有對傳統智慧的傳承，頗不乏發現前人所未發的觀點。

法治之路雖然漫長而艱辛，只要我們不忘初心，堅持以人權保障為核心、以司法獨立為後盾，終能走出一條適合華人社會的法治道路。放眼華人世界，從新加坡到香港，各自都在從英國承繼過來之英美法系統，摸索符合其社會脈絡的法治實踐。中華民國在台灣七十餘年來所累積的民主法治經驗，從大法官釋憲到憲法法庭的判決，不僅展現了與時俱進的活力，也為華人社會的法治發展提供了重要參照。

大陸地區雖在經濟建設與科技發展上取得令人矚目的成就，但在法治建設的征途上仍須努力。確如習近平總書記所言：「憲法的生命在於實施、憲法的權威也在於實施」。然而，從人民權益的保障到司法獨立的實踐，從法制到法治的轉型，猶如「為山九仞，功在一簣」，最後一里路反而最為關鍵。如大陸法學家江平曾言：「法治離不開政治，我們黨政分開做得並不太好；憲法權利，特別在言論自由、新聞自由、出版自由和結社自由都沒有任何進展。自從所謂司法體制改革以後，不提司法獨立，只提司法公正，這是個很大缺陷。加強法制不離開政治體制改革，核心是黨政分開。」大陸在司法改革、人權保障等領域已有嘗試，但要建立完備的憲政法治，實現人民對美好生活的嚮往，仍需要堅持不懈的努力。

誠如一九九一年制定之中華民國憲法增修條文序言所揭示的「國家統一前」之框架，兩岸同屬一個中國，只是在發展進程上有所差異。近年來，政治氛圍更替與地緣政治轉變的使得兩岸關係面臨新的挑戰，執政的民主進步黨之「互不隸屬」說與總統過往自稱之「務實台獨工作者」神主牌皆悖離憲法，不僅影響了兩岸互信的基礎，更考驗著法治的韌性。如果兩岸能在保有傳統文化精髓的同時，共同探索融合現代法治精神的道路，並在人權保障、司法獨立等價值上達成共識，相信必能在既有的憲法框架下，實現「良制一國」的理想。

然而，面對當前紛擾的兩岸情勢，為政者更須把握轉瞬即逝的契機，展現大格局的遠見。人生最殘酷者莫過於時間流逝，和平與穩定的良機每過一日就少一分。此時此刻，兩岸領導人面臨抉擇：可以選擇消極以對，任憲政價值在虛耗中流逝；可以選擇劍拔弩張，在擦槍走火中賭上全民福祉；抑或可以展現政治家的胸襟與智慧，勇於擔任跨越藩籬的和平使者。歷史必將記住關鍵時刻的每個選擇，也終將檢驗每位領導者的勇氣與擔當。

二〇二四年十二月，南韓爆發了舉世震驚的戒嚴風暴。雖此次鬧劇很快在六個小時內平息，仍令我相當震驚。這讓我想起一九八七年，經國先生在台灣面臨內外壓力之際，毅然決然宣布解除戒嚴，開啟民主改革之路。若非經國先生有此遠見，掌握軍權的軍方謹守憲法、效忠國家，吾人恐無緣安坐於此，細數彌足珍貴的民主法治成果。反觀南韓，作為一個憲政體制已經相對完善的民主國家，卻因一人之失慮，差點將過去數十年的法治建設毀於一旦，正體現了法治、憲政的脆弱性。

面對當前兩岸局勢，在和平發展、法治進步的基石上，我們更需要以智慧與耐心，在既有憲政基礎上尋求突破。爰此，我深信兩岸要走向「良制一國」，首要之務是維持和平穩定的發展環境。所謂「良制」，不僅是制度的完善，更是一種能讓人民安居樂業、社會和諧進步的治理典範。當前社會面臨諸多挑戰，從高齡化浪潮帶來的長照議題，到世代正義的實踐，都考驗著我們的法治智慧。在追求進步的同時，政府施政更應回歸憲法核心價值，以更開闊的視野、更務實的態度來面對。

回首從法制到法治的轉型過程，正如聯合國二〇一二年發表之《法治宣言》（*Declaration on the Rule of Law of UN*）所宣示之致力追求的和平、人權與永續發展三大支柱，都指向人類對美好生活的目標。這本《法治東西談》更是集結了念祖多年來對法治議題的深入研究與思考，從歷史的維度探究法治的真諦。看到昔日學生如此用心於實務與學術，做為老師的我與有榮焉。期盼這本書不僅能為華人世界的法治發展帶來啟發，更能為我們思考法治的真諦，開啟新的視野。

推薦序

匯通西東的法律人：李念祖

李復甸
文化大學教授

當今台灣法界若要列舉幾位標竿角色，念祖絕對是其中領頭人物之一。前不久我在一場憲法學會上聽他談張君勱的演講，他慷慨說道：「誰都認識總統，但是誰認得憲法給了總統哪些權力？」痛陳大眾對憲法的冷漠與蔑視。讓我回想起念祖從年輕時代就在學術與實務兩方面，戮力於憲法精義的傳揚與實踐。民國六十九年前往美國哈佛大學進修之前，他在馬漢寶老師指導下，以「動員戡亂時期臨時條款在我國憲法上之地位」為論文題目，撰寫當時甚為敏感的憲政問題，完成台大碩士學位。在美東哈佛大學完成碩士學業後，念祖在美西的加州執律師業數年，最終還是回到台灣，繼續他豐富多彩的法律人生涯。

民國七十八年的「鄧元貞案」，是他挑戰《憲法》的第一個案子。在兩岸阻隔的日子裡，鄧元貞在台另娶，二、三十年後出現了分居多年的大陸元配。最高法院以重婚為由，撤銷了鄧元貞在台後締結的婚姻。他義務接下這樁受矚目的案件，處理這樁大時代的悲劇。主張經營家庭生活是基本人權的真諦，若要以法律剝奪人性的基本需求，是與《憲法》保障人權的意旨不符。以此構成撰寫釋憲聲請的主要理念。釋字第二四二號解釋，解決了這不得不的殘酷事實，也開啟了台灣地區與大陸地區人民關係例對兩岸婚姻的特別規範。

此後，「馬曉濱案」挑戰唯一死刑、「劉俠案」打開民意代表候選人在學經歷上的限制。解嚴後，念祖挑戰入境黑名單，對交通部以管理規則規定「民用航空運輸業不得搭載無中華民國入境簽證或入境證之旅客來中華民國」提出釋憲。釋字第三一三號大法官解釋指出：對於人民違反行政法之處鍰，涉及人民權利之限制，均應由法律定之。

念祖還提出《憲法》第八條之提審權，究竟法院以外的機關所指為何？釋字第三九二號指出：法院實施提審，訊問後認有犯罪嫌疑者，始移送檢察官偵查，足證《憲法》所稱法院，並不包括檢察官在內，檢察官不應擁有羈押刑事被告之權限。

針對副總統可否兼任行政院院長，新任總統對行政院院長率閣員總辭時，必須重新提名咨請立法院同意，作出釋字第四一九號。民國八十六年《憲法增修條文》施行後，省是否仍屬公法人，又作成釋字第四六七號。

釋字第四九〇號解釋，認為良心自由為《憲法》保障的基本人權之開端。解決了對信仰與《憲法》義務衝突的處理。兩度質疑刑法誹謗罪是否違反《憲法》保障言論自由之規定，分別作成釋字第五〇九號及一一三年憲判字第三號判決。

釋字第七三七號說明偵查中羈押審查之程序，辯護人有獲知卷證資訊之權利。從此在法院進行羈押庭前，辯護律師有閱卷之權。又基於律師及其委任人間享有《憲法》保障之祕密自由溝通權，認為《刑事訴訟法》第一二二條第二項及第一三三條第一項規定違憲，檢察官不得對律師事務所任意搜索，提出釋憲訴訟，經一一二年憲判字第九號判決確認，都是為憲法法庭保障司法人權之里程碑案件。

綜觀念祖五十年律師生涯，單就《憲法》有關之訴訟程序提出，就有三十餘件獲得司法院具體回應，作成解釋。更有十餘次擔任鑑定人提出專家意見。一連串的人權爭議與憲法解釋案件，在憲政進程中開出了燦爛的篇章。由於對大法官解釋認識之熟稔深入，首創以案例討論方式講述《中華民國憲法》，且已集結出版四巨冊。至今仍為國內獨步，法界無人能及。

《刑事訴訟法》第四十六條要求審判長在法庭筆錄上簽名，變成有權插手的法律依據。書記官常常在等待法官整理歸納當事人答覆，再依指示記錄。念祖任律師公會及中華民國仲裁協會理事長時，曾推動逐字速記（verbatim），希望矯正不當的筆錄制度。《刑事訴訟法》第四十一條要求被告在筆錄簽名，也是違反《憲法》緘默權之保障。民國一〇九年修法才增加但書，變得可以拒簽。在念祖眼裡，這些條文都與人權保障相關，都是憲法議題。

以上所簡述種種，僅為對憲政與人權所作貢獻之犖犖大者。念祖長期協助總統府致力於人權諮詢之努力，終至促成國家人權委員會轄屬監察院，成為國家之憲政獨立機構。

在大二時期，幫忙司法行政部民法修正委員會，抄寫整理學者們對民法總則的修正意見，廣泛仔細閱讀了三十本民法總則教科書。因而深入民法基礎。台灣大學法律研究所卒業即考上律師，此在當時極是罕見。又對傳統典籍深感興趣，乃糾集同好，在課餘找中文系老師研習《左傳》。在東吳大學修習英美法，又有留美背景，通曉英國普遍法及美國法自不待言。但這樣的背景能同時擁有深厚國學根柢者，恐不多見。念祖此書，能就東西思想談論法治，絕非常人所能。

我國法律自成法系，與羅馬法差別甚為顯著。面對西歐帝國主義侵略，滿清亟思效法日本，移植現代羅馬法制，以圖擺脫領事裁判。為了解西方法律，同文館便開始引入西洋法律書籍。當時美國長老會派至中國的傳教士丁韙良（William Alexander Parsons Martin）擔任同文館教席，動念翻譯。同治三年，當時美國駐華公使華若翰（John E. Ward）建議採用較新的美國律師亨利．惠頓（Henry Wheaton）所著的《Element of International Law》翻譯成《萬國律例》，其後美國公使蒲安臣（Anson Burlingame）推介，總理各國事務衙門奏請發行，題名為《萬國公法》。這本書的翻譯，開啟了東西法制的比較研究。

一百三十年後，在理律法律事務所支持下，又重行影印於台北再版。原先的東方法治沒有「權利」、「憲法」等講法，物權也不區分動產或不動產。念祖從研究憲法一詞之出處，延伸出許多固有法律之觀點，比較異同，匯通西東。

《法治東西談》全書文字流暢、資料豐富，但若不潛心仔細，並非易讀。對於關心司法的民眾，本書不失為普及法律的讀本，對法律系的研究生，更值得奉為課堂之外，提升眼界、擴大思想範疇的經典著作。初稿新成，有幸先睹為快，聊綴數語為之序。

誌於襲明齋

自序

何以權利？何以法治？

我自許為一生以傳遞法律知識與他人溝通為生的法律人，簡單的頭銜是律師，在理律法律事務所任職逾四十年的律師；也一直是在大學中講授法律的教授。

在傳統文化中，律師常被稱為刀筆吏或師爺（或幕友、幕賓），都是古代衙門中的人物。刀筆吏以吏為名，可知是基層公務員，是官僚體系的一分子；師爺則是官員的幕賓與策士，來去自由，並不是公務員，其與今日律師不同之處，則在法定執業資格之有無。人們的眼中，刀筆吏或師爺，其行止易與司法黃牛發生聯想，往往就是一種負面的角色，不是什麼好人。

香港使用粵語，今日猶稱律師為狀師，是因為前清時代已有此種人物。然則清代衙門中沒有賦予狀師代理出庭的法定資格與地位，只代人撰狀而已；卻也可能是鄉野傳聞中的正義之士。像是膾炙人口的傳統戲劇《四進士》中，創造了一個革退書吏宋士傑，搬演揭穿官衙黑幕，扳倒惡吏劣紳以拯救弱女的故事，回應「天網恢恢，疏而不漏」的願望，就是此種人物的化身。

在傳統文化中，律師這種需要法定資格為人出庭辯護的專業，其實從不存在。還有一齣戲叫《法門寺》，竟然將明代正德年間的惡宦劉瑾，無中生有地改寫成一個平反冤獄的角色，以求大快人心。在歷史文化記憶中，人們找不著為人民伸張正義公道（也就是權利）做為專業的人物，只能全憑想像附會，在戲劇中尋求安慰。也就無從普遍認識，何以律師這種專業竟在今日法治社會不可或缺。

我沒有做過公務員，既不是刀筆吏，也不是策士師爺，只是在民間傳遞法律知識的專業人員。在超過五十年的法律生涯裡，我發現自己所學的法律，與日常社會生活中人們認知的法律觀念，似乎有著絕大的鴻溝存在。譬如說，我在法學院講授《憲法》，說到人權是《憲法》存在的根本目的，學生們每每似懂非懂，我自信不是我的表達能力出了問題；而社會上也普遍不重視人權，甚至敵視人權。我們行憲已有四分之三個世紀，與人權觀念仍存在著明顯的隔膜，這是個文化現象。

其實，在傳統文化教育中成長的人如我，又何嘗不因傳統觀念的薰陶而受影響？上個世紀八〇年代之初，我到達美國留學的第三個月，就遇到了一次震撼教育的洗禮。

當時麻州政府廣泛寄送傳單通知，從仲秋到次年春末，提供低收入戶燃料補貼，或者實報實銷，或者按照每月房租的四成發給現金。我也意外地發現，外國留學生也有資格領取同額補助。

在州政府辦公室內，我向承辦人員出示護照顯示我是外國人，再三確認是否具有領取補貼的身分無誤。在我以不可置信的態度，連問了數次之後，櫃檯後一位六十開外的老太太不耐煩地開口發問：「年輕人，我知道你是外國人；現在嚴冬將屆，外國人也是人，難道就不活了？」當然，我與在地的低收入戶一樣，如數得到了補貼。

我赫然發現，這話與美國憲法課堂上說到的，基本人權不因國籍而當然有異的原則，若合符節。原來真正歧視外國人的正是我自己！像是「內外有別」或「非我族類，其心必異」的傳統文化觀念，都不足以當然構成否定外國人應受平等保護的法律理由。

回國之後，有個問題不時在腦海中盤旋：於留學時所接觸到的第一手憲政思想，如「權力腐人，絕對權力絕對腐人」、「權力必須受到法律的節制」、「無人可以居於法律之上而不受拘束」等等來自西方，成就法律精髓的法治觀念，在中土世界的傳統中，特別是先秦百家爭鳴時的各種思想裡，難道從來不曾存在？

年近知命，開始在故紙堆裡、考古資料中求索，雖然偶或看到類似的靈光乍現（如郭店楚簡《魯穆公問子思》中子思說「恆稱君之惡者，可謂忠臣矣」庶幾近之），但每也只能是吉光片羽，鳳毛麟角；全然缺乏制度性發展的土壤，則是文化史上冷冰冰的事實。

這也使我對一位歷史人物，明末大儒黃宗羲獨具隻眼的歷史觀察，產生了別樣體會。在滿清入關而漢人建立的明朝傾覆，當時的漢人深覺面臨亡國滅種之際，黃宗羲曾經對於身處的傳統政治進行了澈底的反思與檢討，留下了一本名著《明夷待訪錄》。書中有〈原法〉一篇，開篇處即說：

「三代以上有法，三代以下無法。」

他說的三代之法是：「藏天下於天下者也：山澤之利不必其盡取，刑賞之權不疑其旁落，貴不在朝廷也，賤不在草莽也。在後世方議其法之疏，而天下之人不見上之可欲，不見下之可惡，法愈疏而亂愈不作，所謂無法之法也。」

他又說，三代以下的法，也就是：「後世之法，藏天下於筐篋者也；利不欲其遺於下，福必欲其斂於上；用一人焉則疑其自私，而又用一人以制其私；行一事焉則慮其可欺，而又設一事以防其欺。天下之人共知其筐篋之所在，吾亦鰓鰓然日唯筐篋之是虞，向其法不得不密。法愈密而天下之亂即生於法之中，所謂非法之法也。」

在他心中，三代之法是無法之法，三代之後，則是非法之法，那法究竟該是什麼？他似乎在說，三代之法不存在，三代之後的法不該存在；無法勝於有法。真的長期存在過無法的社會嗎？有政府存在的人間社會，真的可能無法嗎？

我學的法，既不是三代之法，也不是三代之後的法，全是自西方傳來的法。

因為，清末民初之際，在另一次人們感到有亡國滅種之虞之際，朝野痛下決心變法，試著從西方向中土世界引進亙古所未見的法律制度。簡單地說，也就是今天稱之為《六法全書》裡的各種法律。這些法律，既無一是三代之法，也鮮少三代之後的法，恐怕也無一是人們的文化記憶中，所能真正認識的法。

我學的法繼受自西方，但也未必是已然繼受完全的法。在學習的時候，必定會問到基本的問題，法是什麼？法律追求的是什麼？以法律為專業的人所學為何事？

最常聽到的標準回答是，法律追求的是正義，律師是為當事人伸張正義或權利的人。但是，正義又是什麼呢？如何才能找到正義呢？權利又是什麼呢？這些問題，則也是在問為什麼需要學「法」的真正原因。

我學的法，正是東方與西方交會而發生重大思想碰撞後的產物。

這本書，或許是想整理交代一個文化現象，當東方與西方交會而發生重大的思想碰撞時，人們常會遇到三種問題：觀念問題、溝通問題，還有情緒問題。

不談別的，單單是一個「法」字，東方與西方的認識與理解，就有著根本上的文化差距。這是歷史的產物，或許談不上是非對錯，但是可能根本左右了、也繼續左右著人們心中是非對錯的看法。這是法律繼受過程中，無法迴避而必須面對處理的觀念問題。

法律繼受，不能免於翻譯的需要。然則翻譯的學問也不簡單。外文一個字眼，一則詞彙，該怎麼翻譯，在什麼場合又該怎麼翻譯，都值得，也必須有個琢磨、研究、試誤、討論甚至辯論的過程，才能真正理解其原有的涵義；而且如果不能試著將自己的腳踏入原字原詞的文化步履之中，其實很難體會那隻鞋所包覆的腳，它走路的真正方法與產生的體會究竟為何。

事實上百餘年來法律繼受的過程之中，有著大量囫圇吞棗的紀錄，而且，囫圇吞棗常常是從翻譯的時候就開始了。若干關鍵詞彙的翻譯，沒有經過仔細琢磨就加以使用，以致人們根本不能從譯文中理解原義，這已不僅是觀念的問題了，其實更是溝通的問題。試著發現並且化解翻譯之中所帶來的各種溝通障礙，應該是處理溝通問題的一個方法。

在法律繼受的過程中，人們的心中，有意識地或無意識地出現的，常常還會有種情緒問題。一旦百年屈辱襲上心頭，就不免發生疑問：我們為什麼要學西方？

這其實是回到了問題的開始，是我們又不要變法了嗎？當年人們痛於受到西方壓迫，但西方從未壓迫我人變法。要變法，是受到壓迫之後產生的自主體會。正因為要變法，所以才要學西方之法！日本學西方變法，我們學日本學西方；然則要學變法，能不了解法的背後，之所以產生不同的法的法律文化嗎？

向人學習，不該虛心嗎？應該容由自尊或自卑的情緒成為學習的障礙嗎？其實，現在說不學了，恐也來不及了。從憲法到民法，到刑法，到訴訟法，到商法，我們已經引進了、繼受了無數外來的法，都已成為我們日常生活不可割裂的部分。

若是決定不學了，那是要回到什麼樣的變法前的時代呢？

想學而又不甘心，能學得會，學得好嗎？學習新的事物，不等於否定自己，拋棄自己。我們若要學，是不是該學著不帶情緒地學習，該不該試著處理學習中的情緒問題呢？

說到底，我們之所以需要學習變法，是不是因為我們根本不知道，我們所學習的對象所說的法究竟是什麼？法治是什麼？正義是什麼？司法是什麼？權利是什麼？無一不需要從頭學起。要變法，是否得清楚了解，要變的法究竟是什麼？問題很多，但簡單地歸結一句則是，我們究竟要不要在國人所熟悉的「馭民之法」之外，學習「馭王之法」呢？

於是，在摯友大春、美瑤夫婦的鼓勵之下，我動筆寫了此書。復蒙恩師陳長文先生與學長復甸宗兄慷慨賜序，補充了書中許多言難盡意的不是，也極大地豐富了本書的主題，衷心銘感；又勞同事王璇女士、陳靖緹女士與林葳同學再三悉心協助校讎，並此致謝。

寫就此書，作者已逾古稀之年。紙短汲深，曲曲微意，不揣簡陋，盼得讀者亮詧！

本書部分文字曾在我為台北律師公會的刊物《在野法潮》、〈給個說法〉寫的專欄文章中出現過，併此附誌。

作者謹識

第一部

法治東西談

EAST AND
WEST
STORIES

楔子

其實，我們所熟悉的司法，只是古代的司法，而或許根本不了解現代的司法是什麼！

或許還有一個原因，其實我們可能根本不認識什麼是權利。因為，現代的司法是為了實現權利而存在的，不認識什麼是權利，自然就不會了解什麼是司法。

不認識什麼是權利？不至於吧！那麼不妨請試著自己說說看，什麼是權利呢？什麼是我的權利？我的權利有些什麼內容呢？

如果說不出來，或是能說出來一些想法，但也沒有把握說得夠精確，其實並不奇怪。因為，權利原不是我們母語裡的用法與概念；說是我們母語中缺乏的詞語，並不為過。

權利是個外來語；說得更準確一些，是個翻譯詞彙。是為了翻譯英文中 right 一字而創造的一個新詞。為什麼要創個新詞，是因為譯者在既有的中文語彙中找不到適合的對應詞語。

譯者是位來自美國的傳教士，William A. P. Martin，他有個中文名字，丁韙良，字冠西。他在一八五〇年，二十三歲那年，被美北長老會派到中國，後來曾經擔任同文館總教習，就是滿清國家編譯館館長。他於一八六三年翻譯了美國人 Henry Wheaton 寫的國際法教科書，*Elements of International Law*，中文書名定為《萬國公法》，同治三年（一八六四年）由北京的崇實館出版。這是有史以來，第一本用中文書寫、關於西方法律的書籍。

就是在這本譯作之中，他將 right 這個英文字翻譯成「權利」一詞。當時或許只是無心插柳，日後卻成為中文世界，以及日文世界（権利）的標準用法。

為什麼會選這兩個字表達 right 的意思？事後推想，或許他採用的是權衡之「權」，地利之「利」（就是「優勢」的意思）；一個人對於一件事處於由他權衡的優勢地位，有權衡之利，自就是他的 right——權利了。如果如此理解，不能說是不適當的譯法。

梁啟超曾經採用了丁韙良的翻譯發表文章，認為傳統中土社會是義務本位的社會，值得提倡學習新的觀念，改向權利本位的社會發展。翻譯大師嚴復寫信提醒，這個翻譯法不妥，是「以霸譯王」，因為「權」「利」二字在中文中常被視為意思負面的霸道用語，權勢與利益，易有爭權奪利的聯想，難以表達 right 一字在英文中的正面語意。《荀子．勸學》一篇中此詞的用法：「是故權利不能傾也，群眾不能移也。」權指權勢，利指貨財，適足以證明嚴復的警語並非欺人之談！

Right 一字做為名詞，與其在英文中做形容詞使用時的意思相通，是 wrong 的相反詞；在中文的意思，就是「對錯」兩字裡的「對」、「是非」兩字裡的「是」。若是將之譯成「權利」一詞，傳達不出類似「對的」、「是」、「善」或是「正確」的含意。（right 在德文中是 recht，在法文中是 droit，都有兼指 law（法律）與 right（權利）兩事的意思，其正面的語意更為明顯強烈；也更不是「權利」一詞所能傳達的意思。其實在義大利文 diritto、斯拉夫語 pravo、西班牙語 derecho 及拉丁語中的 jus，亦皆如此，絕非巧合。）

不要小看翻譯所產生的意思偏差。翻譯創造出來的「權利」一詞，是外來語，不是本土語言，以中文為母語的人們，看著不明白，聽著也不能真正會意，反而容易引起聯想到「爭權奪利」的惡感，建立不起足以深植人心的 right 意識，自也難以自然發展出 right 本位的社會。

如果可以重來，right 應該怎麼翻譯呢？嚴復先生與張佛泉先生都認為應該譯作「直」，是「不直」的相反，也就是與「訴訟得直」的用法同一個意思。依許慎在《說文解字》中的解釋，「直」者，「正見也」。英文中 right 的另一個形容詞 righteous，中文譯作正直，也用了「直」字。直，與「德」字同源，戰國時代「德」字的寫法，就是「悳」，由「直心」構成；甲骨文中的直字，是眼睛向前直視；德，則是直道而行，「德」與「直」

都是正面意義的字眼無疑。輔仁大學王臣瑞教授在所著《倫理學》書中，曾以為「權利」，在中文裡，是「名分」的意思。一個人在他的名下該得的那一分。也就是慎子說「定分止爭」的那個「分」。所以，「人權」，就是「做為一個人，在法律上應該得到的那分尊重」的意思，這或許就好懂些了。

另一位民初翻譯大師林語堂，則曾將《墨子．非攻》一篇譯為英文，而將「義與不義」譯為「right and wrong」；於此可知，right 一字其實與中文的「義」字同義。權利與義務原是相對的概念，「義」，不正就是「義務」之對？如果一定要找個兩字構成的詞，其實可以使用「正義」來對應 right 字。「正與邪」不也正就是「right and wrong」嗎？人權就是人應得的那分正義。

若問使用「正義」表達 right，那 justice 又該如何翻譯呢？則不妨使用「公正」或「公平」；right 與 justice 同樣源自拉丁文 jus 一字，意思原來也是相通的。循此理解，其實「權利」就是「正義」；為了保障「權利」而生的司法，就是為了實現「正義」而存在的國家機關。

然則，正義又是什麼呢？究竟什麼是 right 或是 justice 呢？

第一章
案例法社會的法

說到「權利」，說到「法」，要從一個現在常聽到的詞——法治——說起。法治是什麼意思呢？「法治」與「法制」是同義語嗎？這兩個詞彙，讀音相同，但水旁的「治」，與刀旁的「制」，意思大不相同，卻還稱不上普通常識。法制，是歷代傳統儒法社會長期存在的事物；法治，則是直到今天還沒有落地生根的觀念。一個簡單的區別是，傳統的「法制」之中向來只有「權力」，從不曾有「權利」存在；權利，則是法治存在的前提要素。

「權利」與「法治」，是誰發明的呢？它們形成今日的樣貌，是在案例法社會中逐步發展生成的。案例法社會指的是誰？先是英格蘭，在成文法典尚不發達的年代，就有法院法官在無數案例中寫成判決，自動受到代代法官的遵循，形成了保障權利的傳統；後來出現了成文法典，其傳統也從未斷絕，而且在許多英語系國家普遍流傳，包括美國、加拿大、印度、澳洲、紐西蘭、新加坡、南非等等，香港的法院，至今仍屬於這個法系傳統。具有保障權利的法治傳統，是案例法社會的共同特徵。

為什麼推定無罪？

如果讀者你是法官，正在審理一樁訴訟，控方請求將他指控殺人的被告，施以嚴厲的處罰（譬如死刑），請認真思考後，試著回答下面的問題。

一、應該先決定這位被告是好人還是壞人，如果是好人，就不加處罰；如果是壞人，就施以處罰嗎？

二、如果你以為應該如此，那要怎麼決定他是好人還是壞人呢？如果並不認識此人，會假設他是好人還是壞人呢？會因為有人控告他，就假設他是壞人嗎？會因為控訴他的人是檢察官，就假設被告是壞人嗎？會因為控訴他的人是死者的家屬，就假設被告是壞人嗎？

（附帶一問：如果你與被告或被害人熟識，會進行審判嗎？該退出審判嗎？什麼情形下，會覺得必須退出審判呢？）

三、如果你以為，不應該根據被告是好人還是壞人就認定他是否殺了人，但就你而言，被告是好人還是壞人，對於判斷他在此案中是不是殺了人重要嗎？會假設壞人就會殺人，好人就不會嗎？

四、如果你以為，他有沒有殺人，完全要看有沒有證據，與他是好人還是壞人無關。那麼是該由控方舉證被告殺了人呢，還是應由被告舉證他沒有殺人呢？會因為控方已經提出了一些證據，就接受控方的指控，認定被告殺人嗎？

五、如果認為控方提出的證據並不充足，會就此駁回控方的控訴嗎？

六、如果認為控方提出的證據並不充足，會要求控方再提出更多的證據嗎？

七、如果認為控方提出的證據並不充足，會覺得自己應該親自設法蒐集證據嗎？如果是，該找什麼樣的證據呢？是去協助控方尋找被告殺人的證據呢？還是去協助被告尋找被告沒有殺人的證據呢？或是要去尋找凶手究竟是誰的證據呢？究竟該不該親自去尋找證據呢？

八、如果各方使用了各種方法，找盡了證據，但仍認為證據尚不充分，還不能十分確定事實的真相為何，但是已經找不到更多的證據了，該怎麼下判決呢？

九、會判決被告有罪嗎（如何量刑是另外一個問題）？理由會是什麼呢？

十、會判決被告無罪嗎？理由會是什麼呢？

十一、如果決定判決被告有罪，有人從旁提醒，這會不會有無辜入罪的危險，你會因此改判被告無罪嗎？

十二、如果決定判決被告無罪，有人從旁提醒，這會不會有縱放惡人的危險，會改判被告有罪嗎？

十三、最後究竟會如何選擇呢？是判決有罪還是判無罪呢？

十四、如果覺得證據充分，無可懷疑，會判處被告死刑嗎？是或不是的理由是什麼？如果你的答案是不知道或不一定，那麼在什麼情形下才會判死刑，什麼情形不會呢？

十五、如果有人說，請求法官無罪推定是被告的權利，你同意嗎？如果有人問到，什麼是權利？為什麼無罪推定是被告的權利？你會如何解釋？

我寫作本書，希望能為以上的問題，提供一些尋找答案的參考資料。（當然你也可以跳到後面頁數，看看我的答案。不過，我建議，或許現在不要看，閱讀本書到達我答案的前一頁時，你再重新回答一次，然後對照一下本書的答案，如果還能指出一些不能同意本書答案的理由，就再好不過了。）

是《大憲章》開的頭

Right，做為一個帶有法律性質的概念，也自有個源頭。放下之前的觀念孕育不論，它誕生自一二一五年的《大憲章》（*Magna Carta*）。長話短說，當時英王約翰為了平息各方封建貴族領主對於王室稅捐需索長年所累積的不滿，還希望領主們舉兵相助抵禦法王入侵，約翰王遂與領主們共同簽署締結了後世稱為《大憲章》的書面契約。由於約翰王之前屢屢於頒布誥命承認領主享有各種權利之後復又公然食言，前例極多，領主們懲前毖後，乃在共計六十三條的《大憲章》之中，載入了前所未有的安排。當時做成了一個史無前例的約定，也對於後世產生了劃時代的啟示意義。

最著名的，應數史稱「第六十一條」規定設計的保障機制：領主們可以推選出二十五名爵士來集體監督、確保並強制約翰王遵守其依《大憲章》規定所為的承諾，如果在他們指出國王如何違反了《大憲章》規定之後的四十天內，約翰王仍不改正其違約的錯誤，這二十五名爵士有權根據第六十一條的規定沒收約翰王的城堡和土地，直到國王改正其錯誤。《大憲章》正式確立了一種對國王施以集體強制的方式，確保約翰王所承諾的「權利」得以實現。

《大憲章》第三十九條規定：非經不受王指揮的法官依法審判，任何自由的人，不受拘留或囚禁、或被奪去財產、遭受放逐或殺害。這是後世經由法院簽發人身保護令制度的前身，屢經增益完善，不但至今仍是英國有效的法律，同時也是我國《憲法》第八條規定提審制度的原始模型。獨立的司法才是向英王主張權利的保障，觀念已經於此奠基。

《大憲章》第四十條又規定：英王承諾不得對任何人出售，亦不得對任何人拒絕或遲延交付權利或正義（rectum vel justitam; right or justice）。有救濟始有權利與正義，源出於此。後面這兩條，在英國至今有效。

這些規定，都對後代各國憲法的內容，包括我國《憲法》在內，產生了某些深遠的影響。頗為有趣的一個例子是，英國人對於跨境貿易權利的重視，也曾在大憲章的規定中展現；《大憲章》第四十一條規定，所有的商人在平時都可安全進入或離開英國經商，按照新舊商業習慣從事買賣，免繳苛捐雜稅。我國《憲法》第一四八條規定的貨暢其流，其淵源當亦在此。

歷史上的《大憲章》，其實也並未就此使得約翰王服服貼貼；事實上在簽署《大憲章》約一個月之後，他就開始反悔了；他於次年去世前，《大憲章》的立約合議已成空談。之後的英王在內戰中屢嘗敗績，也屢次重議《大憲章》的內容，一再修正另頒；一二一七年又添加了一分《森林憲章》；一二一八年正式冠名《大憲章》，一二二五年更應領主要求，公告周知行世，以昭公信。

距離《大憲章》誕生，在英國其實還要歷經四百年以上的時間，繼續與英王進行不斷地奮鬥，到了一六八九年經由光榮革命確立了來自英王讓渡的國會主權，立法通過了「權利清單」（Bill of Rights，也可譯成「權利帳單」）還有王位繼承法之後，《大憲章》所欲追求的政治境界才能真正得到了鞏固。再過一百年，等到美國人制定了一部成文憲法典，也才使得沒有國王身影的成文憲法典現身人間。現在世人回顧歷史，乃能真正體會到，《大憲章》中也許只是偶然一筆的「第六十一條」，彌足珍貴之處。

然而，《大憲章》抑制王權的史蹟已超過八百年，舉世傳頌，在我國能夠說出《大憲章》有何值得稱道之處的人恐怕不多。不認識《大憲章》在歷史上不朽的功能之一，是在展示權利（或名分）或正義的真正實現，端賴於法院之中法定救濟程序的存在與確立，可能就不算是真正了解什麼是法律上可以主張的正義或權利（或名分）。

英國人發明了如何強制統治者實現其所承諾的權利（或名分）或正義的方法，其實也是在歷經了數百年的發展之後，世人方才真正知道可以實現的權利（或名分）或正義，與統治者口頭所應許的、或只是紙面上記載的、甚至是道德上普遍認為絕對正當的事，如何因為具有司法機構的存在，而能真正有所不同。不下功夫真正了解並且追求什麼才是能夠實現權利（或名分）或正義的司法，就不會、可能也不配，真正得到（即使是理所當然應該得到的）權利（或是名分）或是正義。此中歷史發展的情由，與司法的特性何在，當然也都是必須再給個說法，繼續開展的情節。

黑石爵士畫龍點睛

《大憲章》的可貴發明，其價值所以能得到後世的清楚認識，法學教育功不可沒。如果以為《大憲章》相當於英國政治上的制禮作樂，那麼黑石爵士（Sir William Blackstone）或許就可稱為英美法學教育史上的孔夫子了。他也有位嫡傳弟子邊沁（Jeremy Bentham），既是律師也是哲學家，影響後世至鉅。黑石爵士在一七五九年出版了《大憲章與森林憲章》一書，樹立了他的學術地位，也對後世如何認識與評價《大憲章》形成重大影響。該書就《大憲章》的版本與內容做了深入的研究，為《大憲章》何以是英國自由奠基的歷史文件，提供了有力的論證。書中並將原由拉丁文寫成、並未區分段落的原始《大憲章》，辨識出六十三條不同的條款，賦予條號，為世人援用至今。

二十世紀初，美國法曹協會在歐洲訂製了一尊九英尺高的黑石爵士大理石立像，送給英國的律師公會做為禮物，豈料此像過於高大以致英國西敏寺的法院無法容納，於是運回美國，經國會同意撥款十萬美金，將頭戴假髮、身著法袍、手抱《英格蘭法釋義》

（*Commentories on the Laws of England by Sir William Blackstone*）的英國法官黑石爵士雕像，豎立於華府的憲法大道之上。而美國聯邦最高法院的北面外壁牆楣之上，也刻畫著他的人像，譽為世界上最有影響力的法學家之一。黑石爵士在美國的歷史地位，可見一斑。

黑石爵士是十八世紀的法學家，歷任出庭律師、大學教授，一七七〇年膺命英格蘭皇座法庭（King's Bench）法官，詞世時仍是民事法官。他終身最大的成就，首推其於一七六五年至一七六九年間出版的四冊皇皇鉅著《英格蘭法釋義》，成為認識英國傳統案例法（common law）的必讀教材。論者的評價是，如果沒有此書問世，美國乃至其他英語世界國家會不會普遍採行英國的案例法制度，都可懷疑。

這恐怕不是過譽之詞。美國的立國諸賢，包括制定憲法的要角們，歷史文件如《獨立宣言》（*The Declaration of Independence*）與《聯邦黨人文集》（*The Federalist Papers*）的作者們，當時聯邦最高法院裡判詞如刀的大法官，乃至於後來解放黑奴的林肯，無不熟讀此書，深受影響。早年美國法學教育處於草創期時，律師的養成多仰賴師徒制的學習，也大多依靠《英格蘭法釋義》的自修功夫始克有成。即使是在黑石爵士身後的十九世紀，甚至直到兩百餘年後的今天，美國各級法院的裁判之中，總可看到援引黑石爵士大作中的名言警句，不絕於書。

二十世紀中，美國有位影響力極著的首席大法官荷姆斯（Oliver Wendell Holmes, Jr.），他究竟是黑石爵士理論的追隨者還是挑戰者，在二十一世紀仍是學者討論的話題。

《英格蘭法釋義》的第一卷，在緒論之後，第一章下筆的主題，就是「人的權利」（Of Rights of Persons）。黑石爵士指出，任何人都應享有三類絕對不可或缺的權利：人身權（包括生命權）、自由權、財產權；但還需要能夠長久享受此等權利的保障機制。他寫道：為了實現這三類權利，每個英格蘭人都還需要輔助性的權利，包括尋求公正的法院就其受到的侵害給予修復與救濟（redress）。因為英格蘭的法律是每個人生命自由財產的最高權威之所繫，公正的法院必須隨時為權利主體而開放，恰如其分地從事法律的運用與操作。他接著援用《大憲章》裡的文字，責成英王的法院必須永久奉行這件事：

> 「不得對任何人出售，亦不得對任何人拒絕或遲延交付權利或正義。」

他也引述英國十六至十七世紀間法學家法官柯克爵士（Sir Edward Coke）所闡述的道理：

「因此，每位法律主體，不論是否為教會信徒，於其財物、土地或是人身受到任何他人的侵害，沒有例外地，皆應經由法律的程序獲得救濟，因其受到侵害而享有正義與權利，當然免於出責，全然不會遭到拒絕，並獲得迅速審理、無所遲延。」

黑石爵士更重申《大憲章》的誡命——

「除了依循法律的規定之外，沒有自由人可以遭到法律奪權，從而完全不受法律的保障與庇蔭。」

就是這樣，黑石爵士的研究與書寫，承先啟後，成為無數英美法學家與法官們法律生涯的啟蒙教科書，將數百年前《大憲章》所蘊含的權利、正義意識，還有法院在實現權利與正義一事上不可或缺的程序觀念，深植人心，也化為日常運作的機構與制度，使得法治在社會生活中成為可能，並且不可或缺。

權利與法院，從英格蘭到美利堅，黑石爵士的著作固然是關鍵的催化劑，觀念與意識如何轉化為可以憑藉的制度與可以運作的機構，不可能憑空發生，自也不能沒有個說法。這就進入下一個要說的題材了。

活生生的神主牌

英國的《大憲章》，是對無上的君王、無限的王權加以約束的初次嘗試。君主的王權就是統治權；此中的權字不是「權利」而是「權力」，「權力」一詞曾見於《漢書．游俠傳．萬章傳》；丁韙良借來做為 power 一詞的翻譯。始料未及的是，此詞日後竟為憲法與許多法律直接援用；更想不到還會出現理解上的障礙，屬於政府的權力（power）與屬於人民的權利（right）原本意義相對而不容混淆，丁氏選擇了讀音相同的譯名，權力與權利，口語難分，很容易形成誤會與錯亂，增加許多無形的溝通困擾。

經過《大憲章》首開先河的嘗試之後，英格蘭曲折歷史發展繼之以面對王權、抵抗王權、馴服王權的再接再厲。英國的王權真正受到澈底的限制，要等到十七世紀光榮革命（Glorious Revolution）時，也就是英格蘭國會於一六八九年通過制定《人民權利昭告與王位繼承和議法》（*An Act Declaring the Rights of the Subject and Settling the Succession of the Crown*）之際，才確立了舉世前所未有的全新政治格局。事後看來，這是民選的國會把握數百年來難得的歷史機遇，所成就的一項創舉。

當時不得人心的英王詹姆士二世（James II）棄位出走，國會中政治領袖共同迎立其女瑪麗公主及夫婿威廉親王回英共同入繼大統，國會與兩皇達成協議，並將協議載入國會所通過的法律內容。該法在前言中歷數詹姆士二世的諸般非法行徑，包括廢棄國會的立法、未經國會同意便下令停止國會已通過的法律、未經國會授權即課徵稅捐或設制常備陸軍等等，其用意則是藉以標舉君王的行為界限。

直白地說，此法載明了國會代表人民奉立新王的政治交換條件，包括王室後裔中信奉天主教者不得繼承王位，國王宣布並接受「權利清單」上列出的權利、國王不得干預國會事務與選舉、亦不得干預司法、國會議員享有完全的問政言論自由、不受司法究責等等。國會並於此法中規定了之後的王位繼承順序。

將 Settlement Act 譯為「和議法」，是因為原本手握立法主權的英王與議會達成和議時，就已與人民（透過代表人民的議會）締結了約束英王必須實現其承諾的契約；國會再將與英王達成的契約，寫成國會的法律公布施行，則是顯示立法權已從英王手中移轉到代表人民的議會，成就了巴列門主權；代表人民的議會從此成為制定國法的王權者。

十二年之後，也就是一七〇一年，國會又順勢通過了《王位繼承和議法》（*Act of*

Settlement）；當時並無後嗣的威廉三世染病，國會再一次與之達成和議並載入國會立法，此法確立了實現國王所屬意的王位繼承順序，其交換條件包括國王同意更多對於君主的法律限制，尤其確保司法獨立（例如行為端正之法官，國王不得任意免除其職位，法官僅得經由國會兩院依彈劾程序去職等）；以及國王不得赦免遭下議院彈劾之政府人員。真正的關鍵，是國會的法律自此成為王位繼承的正當性依據。不流血的光榮革命稱為革命，是因為其政治結局是：國王受到了層層的法律限制，動彈不得；這是法治（rule of law）的真正開端。連統治者王位繼承的順序也須經由國會法律加以規定時，屬於國王的主權（對內至高、對外排他；此詞更精確的譯法或許是制法權或統治權），已經發生質變而移轉成為國會的主權（Parliamentary Sovereignty）。國會議員是人民的代表與喉舌，國會議員享有的權利保障，就是人民的權利保障；國會主權，其實就是人民主權（主權在民）的思路，兩者脈絡一致。

先秦的古代祭祀中，原有真人扮演受祭的死者，稱為尸或尸主，不言不語而只享用祭品；後來則由木製的神主牌位加以取代。光榮革命之後，英王尸位素餐，已是活生生的神主牌，只享受禮遇與尊崇，別無任何實際的政治權力。例如普受人民愛戴的英國女王伊麗莎白二世，她在全球面臨二〇一九傳染性肺炎的疫期之中，曾以元首身分向全體英國人民發表演說，進行安撫。但即便只是一篇激勵人心的演說，實際上也是經由國會與內閣的事前交付始能進行，絕非可以任由女王隨意自主而為的即興之作。無怪現今英國人常視其國君為「吉祥物」；王室的存在，僅具振奮精神士氣的禮儀功能，或是提供公眾茶餘飯後的談資而已。

無上也無限大的王權，竟然歸零為虛位君主，是英格蘭線性歷史的發展。人民一邊，國王一邊，人民的代言人約制國王使得統治者有位而無權，每個人才能得到應有的權利，是《大憲章》出現之後，發展數百年的具體成果；已然演成政治習慣，牢不可拔。英國人稱之為光榮革命，珍惜之情，溢於言表。接著，就要說到「權利清單」的故事了。

「權利清單」是張帳單

英國國會一六八九年制定的《人民權利昭告與王位繼承和議法》，就是一般稱之為「權利清單」的法律文件。這裡先解釋一下 Bill of Rights 如何翻譯更為適當的問題。

Bill of Rights 最常見的譯法是「權利法案」。這當是因為 bill 此字有國會擬議中、尚未制定而供討論的立法草案之意。英文中將立法草案稱為 bill，也是因為立法草案多必條列須要討論的文字，像張單子一樣。但將 Bill of Rights 譯成「權利法案」仍然不妥；bill 在英文中雖可用來指稱法律本身，但中文「法案」則是專指尚未通過的立法草案，不適合用來稱呼已經通過的法律。Bill of Rights 乃是制定完成的法，即不宜以「法案」譯之。

另外一個常見的譯法是「權利清單」，將 bill 理解為列出各項基本權利的一張清單。這個譯法當然足以達意。然而，若是回頭了解英文中使用 bill 一字的原意，或許還可有更直白的理解方法。

Bill 一詞，英文常用來指稱「為了收取提供貨物或勞務的費用而發給他人的紀錄」；也就是「帳單」的意思。英格蘭國會在十七世紀時通過 Bill of Rights 的法律時，利用英格蘭王位懸缺的機會，臚列了足以糾正防止英王重犯過錯的諸項權利，以擁立威廉親王與瑪麗公主夫婦一起登基為英王並確認其繼承人等各項條件，來換取新王同意王權須受人民權利的拘束；從此確立了人民享有可向英王主張的權利。Bill of Rights，其實相當於人民的代表向英王發送權利的帳單，英王政府從此即負有必須依約履行以實現人民權利的債務在身。所以，如將 Bill of Rights 理解為一筆「權利帳單」，其好處是可以說出另一層的意思。「權利帳單」中並且明文規定，英王不能擁有軍隊，軍隊必須服從代表人民的國會指揮。

英格蘭國會通過《權利清單法》之後，英國陸軍即脫離英王管轄而歸屬國會建置指揮，只有徵集派往海外殖民地的軍隊仍隸屬英王調遣。但因英格蘭國會決定殖民地人民並不適用《權利清單法》，又將北美殖民地皇家軍隊的軍費交由殖民地的稅捐支應。此舉終竟構成美國十三州獨立的導火線。

其中緣故在於，北美殖民地的議會主張，《權利清單法》於殖民地同應適用；軍費既由北美殖民地的稅捐支應，自亦應與英格蘭本土相同，依照《權利清單法》的意旨交由北美殖民地議會指揮其軍隊。英格蘭國會並不同意；北美殖民地乃提出「不選舉議會代表的人們不應納稅」的民主政治法理，以為對抗，終則形成北美發生獨立戰爭的直接原因。美國十三州獨立之後，英格蘭國會也有所反省，改弦更張而將《權利清單法》於海外的殖民地亦同其適用。

美洲殖民地人民，因為英國國會拒絕同意美洲殖民地要求同樣的人權保障，而反抗英王的統治；「權利清單」其實就是美洲殖民地決定脫離英國獨立的導火線，成為重要的歷史原因。一張新的權利清單不久後也寫入美國的《聯邦憲法》，這已是另一個歷史故事。

美國十三州代表於一七八九年在費城起草了聯邦憲法典，制憲會議中也曾討論是否應在聯邦憲法中寫下權利清單，但會中決議提出的七條聯邦憲法草案，並未將之納入。當時與英格蘭通過「權利清單法」，相隔整整一百年。

於費城寫的美國憲法草案，須送交各州通過。反對者擔心聯邦的權力會吞噬各州的獨立地位，曾經提出質疑：當時已有州憲法（如維吉尼亞州明文載入《權利清單》），聯邦憲草中竟然付之闕如，人民權利的保障不免堪虞。聯邦主義者的回應則是，保障基本人權原為政府天職，一旦寫個《權利清單》，或恐掛萬漏一，反為不美；但為贏得各州的支持，也即提出承諾，既然各州以為必要，制憲完成即可修正憲法加入《權利清單》。這就是何以美國依憲法成立的國會初始集會時，即有麥迪遜（James Madison）領銜提出修憲案，將權利清單列為《美國憲法增修條文》第一條至第十條的由來。

如果將《憲法》理解為契約，在英國應是英王與人民的代表（國會）所訂定的雙邊契約。直白地說，《憲法》，也就是權利帳單上的記載，成為英王必須向人民兌現的承諾。英國人始終不肯廢除君王制度，有一項其他國家人民未必能夠體會的道理。一旦沒有了英王，英王曾為的許諾即不復存在；權利帳單就無人支付了。在美國，殖民地各州已不再受英王統治，既無英王存在，就必須重寫權利清單，《憲法》於是被理解為美國各州與全體人民所共同訂立的社會契約；總的來說，權利清單就是契約所記載，英王與美國聯邦政府各自對於人民應當履行的契約債務。

哈佛大學教授萊波爾（Jill Lepore）在二〇一八年出版的美國歷史著作中，曾將美國版的《權利清單》形容為「一張國會所無的權力之清單」。這話很是貼切，美國的主權在人民而不在國會；《憲法》載入《權利清單》的原意，就是限制國會及政府侵犯人權，不只是「權利清單」，更也是「國會所無的權力之清單」，稱為「權利帳單」亦稱合宜，也與英國法的立意合拍，不因英國有國王而美國無國王而有不同。

不妨這樣看，在英國如果是由國會代表人民用法律對英王書寫權利帳單，在美國就是全體人民經由《憲法》對政府書寫權利帳單。美國《憲法》載入了權利清單，制憲之後美國的法院又是如何理解權利的呢？

馬歇爾並未迴避

這裡要繼續說個美國故事。美國各大學法學院的憲法課堂上，開講的第一個憲法案例，大概都會是一八〇三年聯邦最高法院首席大法官馬歇爾（John Marshall）所主筆的馬布里訴麥迪遜（*Marbury v. Madison*）一案。

這個案子，成為兩百餘年美國法院審查國會立法是否違憲的開始，如果稱之為美國歷史上最重要的司法判決，亦不為過。我國《憲法》中規定，對於法律是否違反《憲法》的問題，交由司法院大法官組成憲法法庭行使終局的審判權力加以決定，其源頭也是來自十九世紀之初這個發生於美國政壇的案件。

這個案件背後的故事，是場政治鬥爭。一八〇〇年美國進行總統大選，在任總統亞當斯（John Adams）敗給了同是開國元勳的政治對手傑弗遜（Thomas Jefferson）。亞當斯是聯邦黨人；傑弗遜則屬於共和黨陣營。當時兩黨酣鬥激烈，非同一般。

亞當斯先是提名其國務卿馬歇爾填補最高法院首席大法官的空缺。接著在即將交出政權的最後時刻，由國會通過新法，在華盛頓特區增加數十位法官，隨即迅速通過亞當斯總統提名同黨的人選擔任此一新職，次日即是新總統就職。馬歇爾國務卿的弟弟，當時受命在國務卿辦公室中連夜蠟封該批法官的任命狀以便投寄。時近午夜，他匆忙中遺漏了十餘分留在室內，即行離開。次日馬歇爾首席大法官主持新任總統宣誓就職，還答應新任總統在找到下位國務卿之前幫忙暫代其職。直到新國務卿麥迪遜（James Madison）履新，才發現尚未投遞的任命狀，將之扣住不發。

這批受到任命的法官，史上常遭譏稱為「午夜法官」。收到任命狀的當即欣然上任；沒有受到任命狀的馬布里（William Marbury），因為已知任命但迄未獲得任命狀，乃依國會立法《法院組織法》的規定向最高法院起訴，請求判命麥迪遜國務卿布達任命以容其上任。此案由馬歇爾首席大法官主審。他不但並未依司法常例迴避此案，反而自任判決的主筆大法官。他的判決書，在爭議主題的是非論理之外，可能並非全無政治上利害關係的考量，或也適足以顯示他的司法判斷與政治智慧。

他的判決理由，依序回答了三個問題。

第一，馬布里有沒有權利受到侵害？

因為，如果是否發送任命令不是涉及依法可以主張的權利，而是完全可以由總統領導的行政部門裁量的話，馬布里的控告就缺乏立場了。馬歇爾不單單確認馬布里是在主張權利，而且指出其權利確實已遭侵害，也認定馬布里享有要求布達其人事命令的權利。判決中解釋，此項任命的職位，法律設有任期保障；當任命狀業已用印而完成簽署時，任命即成立生效，因任命而取得的權利即已存在；麥迪遜必須布達其任命，別無選擇。馬歇爾為這個問題給出肯定答案，採取的就是以權利為基礎（right based）的思考模式。判決中的一句話，已為司法的核心功能定調：司法的管轄權並不包括交由政治部門裁量的政治問題，司法專司審判個人所應享有的權利問題。

第二個問題是，權利遭受侵害，法律有無救濟之道？

馬歇爾寫道：「市民自由的核心，當然就在受到侵害的個人，有權利主張法律救濟。提供法律救濟，是政府的首要責任之一。常說美國是法治而非人治政府，如果法律對於權利侵害不設救濟之道，即難當此美名。」

「如果行政機關只在行使憲法或法律賦予的裁量權力，其行為僅受司法審查；但若其職務涉及法律所明白賦予且關乎他人的權利，受侵害的個人即有訴請國家給予救濟的權利，其理至明。」

馬歇爾引用黑石爵士書中的話語，「由法院發出指令，交代行政機關依照法院的認定，遵行其職務責任所應為的特定行為，以符合權利與正義的要求」，就是權利受害者應得的法律救濟。有權利即有救濟，司法就是在提供權利的救濟；馬布里有權利請求法院發出強制處分令，要求國務卿麥迪遜加以遵循，就是馬歇爾的回答。

第三個問題是，本案應該由聯邦最高法院發布強制處分令嗎？

雖然國會的法律明白規定，此案情形應直接向最高法院請求，針對麥迪遜發出應予布達任命的強制處分令；但是馬歇爾卻以為國會的規定與《憲法》的規定尚有出入。美國《憲法》規定有幾類案件（涉及大使、高級外交官及領事，或是以國家為當事人的案件）交由聯邦最高法院行使初審管轄，其餘的案件，最高法院則應行使上訴審管轄權。本案明顯地不在《憲法》標明的幾類案件範圍之內；若是依照《憲法》，最高法院只能行使上訴審管轄，不能行使初審管轄。馬歇爾面臨的問題成為，當法律與《憲法》的規定牴觸時，法院該怎麼辦？

判決中就此展開了精彩的議論。他說的是，人民擁有原創的權利，來創造政府施政應該遵從的原則；這些原則具有根本性，最高性，也有恆久不變性。人民基於其原創的、最高的意志，將政府區分為不同的部門，各掌其權，也各有不可逾越的界限。如果受限制者可以隨時逾越限制，那要《憲法》何益？受限制的政府與不受限制的政府，將無區別。

《憲法》約束立法者的立法不得違憲，否則立法者就可以用立法改變《憲法》所設的限制。其間沒有折衷的選擇，要麼與《憲法》牴觸的法律不是該予適用的法，要麼人民用《憲法》限制政府只是個荒謬的嘗試，因為所限制的權力具有不受限制的本質。制憲者顯然認為《憲法》是不可超越的法，政府必須接受，與《憲法》牴觸的法律，應被視同無物。

如果違憲的法律還可以拘束法院，不是法卻可如法般地發生作用，寧非荒誕之論？宣示什麼是法，是司法者的當然專司。如果有兩法相互牴觸，法院必須決定應如何為法的適用。法院或者只能遵從《憲法》，只將《憲法》而不是違憲的法律適用於個案；或者不把《憲法》看成最高法，只閱讀法律，而將《憲法》視而不見。但若設定的限制可以任意逾越，又何貴乎有《憲法》？

《憲法》賦予法官審判《憲法》上規定的一切案件，法官必須閱讀《憲法》。法官閱讀《憲法》時，可以不看或不必遵守哪一部分的《憲法》呢？《憲法》規定不得制定針對個人施以懲處或是溯及既往的法律，如果立法者竟然通過這樣的法律，有人因此受到追訴，法院難道可將那些《憲法》原要保護的人置之死地？

《憲法》，只能是同時拘束立法者與司法者的規範。不然國會何以制定法官誓詞要求法官恪遵《憲法》？法官宣誓遵守的《憲法》，其中怎麼可能沒有法官應該遵守的內容？《憲法》又怎會拒絕法官遵守，或是不要法官檢視翻閱？果真如此，卻還要法官宣誓，豈不比虛偽的道學更可惡？何異於犯罪？

只有《憲法》是最高法，符合《憲法》而無牴觸的法律，才能是具有拘束力的國法。馬歇爾的結論是，法官必須優先服膺《憲法》，不能遵守也不能適用違憲的法律。所以，馬歇爾駁回了與其同黨的馬布里的請求，因為他不能逾越《憲法》，去審理國會立法交給他審理但《憲法》並不交給他審理的案件。

這項判決，歷來最受批評之處，在於一個被他宣稱無權管轄的案件，卻竟然在判決中先行認定被告業已侵犯了原告的權利。這與馬歇爾三十四年首席大法官生涯中，懂得迴避其他該迴避的案件，卻未在這個到處都見他指紋的案件中自行迴避，一樣地不尋常，似乎都不是無意的舉動。

然則此案判決中最重要的段落，也就是第三個問題的討論，為司法創造了審查立法是否違憲的地位，卻是公認的精彩論述，備受後世讚譽而少見批評。即使最高法院在超過半世紀之後才出現的第二樁宣告國會立法違憲的判決（「史考特訴山福特案」，Dred Scott v. Sandford）備受後世撻伐，也沒有改變日後最高法院依隨馬歇爾的立論，終竟憑藉司法審查法律是否違憲而使得美國成為司法國家贏得舉世矚目的歷史發展與際遇。

馬歇爾對於司法的功能寫下了無懈可擊的憲法論述，即使是與其同時的政治對手共和黨人也難以反對而同感折服。但是，馬歇爾在判決中真正贏得人心之處，似乎是他意在言外的司法智慧，所充分展現的司法謙抑態度：

第一，司法專司救濟權利，不能涉入由政黨政治決定的事務，自也不參與政治鬥爭。

第二，司法受《憲法》拘束，選擇優先適用《憲法》，是義務也是責任。

第三，司法沒有違憲的權力，《憲法》規定不由最高法院管轄的案件，即使經由國會立法明白交代，最高法院也不敢染指。這也許就是為什麼，雖然他最後並沒有針對馬布里所請求的強制處分令給予權利救濟，馬歇爾所引述的黑石爵士著作，以及接著展開絲絲入扣的《憲法》分析，仍然為日後的美國，就保障權利是司法的核心功能一事，樹立了不可磨滅的標竿。

在權利與司法的英國骨架上，加入美國成文憲法的因素之後，又發展出什麼樣的血肉之軀呢？

權力分立的道理

喜歡看電影的朋友一定知道，美國以法庭審判為主題的電影特別多；即使不是以司法為主題的寫實電影，也經常看得到法庭的場景。這或許引人暇思，美國人是不是特別愛打官司？還是美國人特別相信司法，凡有爭端都覺得可以訴諸司法討個公道？

信手舉個例子，當美國國會立法，用國庫的錢補助少數或是弱勢的族群時，如果有人表示反對，我是納稅人，國庫裡有我的納稅錢，我譴責政府亂花錢。請問，可以用納稅義務人的身分打官司，加以阻止嗎？在美國，二十世紀初的時候，就有人為此上法院打官司了；這事不但有納稅人現身告政府打官司，還有州政府出來告聯邦政府發放補助的法律違憲。

那法院怎麼說？美國法院說，此事涉及權力分立中司法權界限的問題。這話如何理解呢？

權力分立，其實也是個我國傳統文化中相當陌生的觀念，卻是現代司法必須以獨立的形態運作，一項關鍵的緣由。一七八九年法國大革命時期頒布的《人權與公民權利宣言》第十六條說：「任何社會缺乏保障人權或是權力分立的規定，就是缺乏憲法的社會。」已經將保障人權與權力分立兩事看成是憲法所不可或缺的必要內容。然則什麼是權力分立呢？

如果問，英國是個權力分立的國家嗎？為什麼？大概會聽到如下的答案：英國當然是個權力分立的國家，因為，雖然沒有成文憲法典，雖然英王的王權也已歸零，但是，立法的是國會，與之有別者，執行法律的是行政部門，改由內閣取代國王進行監督；雖然組閣的是國會裡的多數黨，行政部門很難與國會意見相左，但是，四、依法審判的法院是完全獨立的，會審查行政部門的行為是否違法，也不受英王或是任何國會議員的干預與指揮。所以，英國的確是個權力分立的國家；英國的制度，正是權力分立的源頭。

以上，除了司法獨立的部分簡單明瞭之外，其餘的解釋，包括仿效英國實行內閣制的國家例如德國或日本也是一樣，講來都覺得有些拗口。

那美國呢？答案或許就明白得多了。美國不但權力分立，而且是澈底的權力分立。畢竟和英國不一樣，美國沒有國王，而是於一七八八年制定完成一部成文的聯邦憲法典，清楚地規定權力分立來限制政府的權力。憲法用的辦法之一，是用民主對抗民主，有兩個民選的國會共同形成立法部門，有民選的元首（總統）做為領袖，領導行政部門執行國會的法律。

辦法之二是國會議員禁止在行政部門任職。不由選舉產生的法官獨立審判，卻在審判中遇有國會的法律違憲，即不予適用。所以將之稱為澈底的權力分立。和英國相同之處是，獨立的司法，是權力分立不可或缺的要素。

這樣應該就可以了解，司法與權力分立具有特殊的關聯性了。權力分立的國家，一定有不受其他部門干預指揮的、獨立的司法。美國《憲法》為什麼這麼設計呢？制憲時的討論，是要在民主政治中加上共和主義，一方面用民主取代獨裁，另一方面則要用共和主義的權力分立來防止多數為惡。

此處又要談到美國開國元勳麥迪遜，就是被午夜法官馬布里告的那位共和黨國務卿。制憲時期，有一本為美國人詳細解說美國聯邦憲法草案內容的名著《聯邦黨人文集》，由三位作者共同以建立羅馬共和國的政治家波普利（Publius）之名為筆名而寫成。麥迪遜是三位作者之一。在書中寫下了廣為後人引用的名言：

「公平正義是政府的目的，公平正義也是公民社會的目的。」

「政府本身，不就是人性最值得反省的地方嗎？人們如果都是天使，哪裡需要政府呢？如果交給天使來管理眾人，政府也不會需要外部或內部的控制。組織一個由人們來管人們的政府，最大的困難在於：必須先讓政府能夠管理被治者；然後，還必須使政府能夠控制自己。毫無疑問，依靠人民控制政府就是最基本的辦法，但是經驗也告訴人類，還必須有其他的預防做為輔助。」

「為了解決動機常不良善的問題，古往今來，於公於私，常用的對策就是利用相爭的對立關係以為因應。於是就會清楚地看到，將屬下的權力做出分配，安排各個部門，目標是使他們可以相互監督，為了自身的好處而守護大家的權利。在分配國家最高權力的時候，這樣的預防措施也絕不可少。」

「美國聯邦制度之中，還用了兩項特別的考量，在制度中放進了相當有趣的觀點：第一，在一個共和國裡，人民讓渡給政府的所有權力，都交給一個政府來管理，但又將之明確地區分為不同的部門，用來防止它篡奪屬於人民的權力。在美國總體的共和國度之中，人民交出的權力，先是區分成兩層不同的政府（指的是州與聯邦），並將分別分配給兩者的部分，再行區分為各自獨立的各個部門，人民的權利，就因此得到了雙重的防護。不同的政府部門會相互控制，同時也就能夠各自自我控制。」

「第二，對共和國而言，一事特別重要，不但要守護社會不受統治者壓迫，還要守護社會的一個部分不受其他部分不公正的對待。不同階層的公民當然存在著不同的利益。多數人因共同利益聯合起來，少數的權利就不安全了。」

政府不是天使，這句話也容易使人聯想起英國思想家艾克頓爵士（John Emerich Edward Dalberg-Acton）致書友人時，曾經寫下了發人深省的警句：

「我不能同意您的教示，應該對教宗及國王另眼相待，假設他們與一般人不同，不會做錯事。如果真要做什麼假設，應該是反過來假設，會做錯事的是有權力的人，權力越大越容易犯錯。歷史責任必須用來補足法律責任的不足。權力會趨向腐化，絕對的權力絕對腐化。偉人幾乎必然是惡人，即使在他們只是發揮影響而非動用權威的時候亦然；到了動用權威的時候，腐化的傾向只會大幅增加，甚至可說是確定會發生。」

「偉人幾乎必然是惡人」，固為英國人的經驗，證之於中國歷史，實亦屢見不鮮。以班固寫的《漢書》為例，說到歷武帝至宣帝朝的霍光，先是「處廢置之際，臨大節而不可奪，遂匡國家，安社稷」，「雖周公、阿衡，何以加此？」豈非偉人？但「光不學亡術，闇於大理，陰妻邪謀，立女為后。湛溺盈溢之欲，以增顛覆之禍。死才三年，宗族誅夷。」竟又一惡至此！還有置於《漢書》之末，曾經位極人臣的王莽，先是「宗族稱孝，師友歸仁。」位居輔政，成、哀之際，「勤勞國家，直道而行，動見稱述。」偉則偉矣！後則竟然「竊位南面」，「篡漢滔天，行驕夏癸，虐烈商辛。偽稽黃虞，繆稱典文。眾怨神怒，惡復誅臻、百王之極，究其姦昏。」遂識其惡，無以復加。

一句話說到底，都是因為掌握了絕對的權力所致。然則幾千年之中，始終缺乏有效的制度性辦法可以防止權力絕對集中，同樣的權力之惡，乃總是以不同的面貌去而復來。所以類此之例，始終史不絕書。

也許有人以為東方相信人性本善，西方相信人性本惡，是一道無法跨越的哲學思維鴻溝。這裡頭也許存在著一項嚴重的誤會。西方的耶教的確認為在伊甸園中吃了蘋果的亞當夏娃及其後代是有罪的，但是真正相關的問題是，掌權者（以君王為代表）是不是有惡？艾克頓爵士講的就是權力有惡，這個觀點不是假設，而是在東方西方長期的歷史經驗中所累積的觀察結果與政治智慧。東方辯論性善性惡最著名的是孟子與荀子。有趣的是，主張人性本善的孟子，卻看到了君王之惡，而以「率獸食人」加以形容（見《孟子・

梁惠王》），不啻已然惡到無以復加；反而是以為人性本惡的荀子，卻一廂情願地相信君王可以經由人為（偽）的途徑成為為民表率的聖人（見《荀子・性惡》），究竟誰的看法更符合人類的經驗呢？荀子主張民惡君善，是馭民思想還是馭君思想的產物呢？幾千年來不懂得「絕對的權力必然為惡」的道理，不正是完全無法防止以專制殘害人民的統治者不斷出現的文化原因嗎？

回到納稅人打官司的事。且從一件美國聯邦最高法院的案例，說一說權力分立之中，司法的角色功能究竟是什麼。

這件案例中包括兩起訴訟，主題相同，都在挑戰國會制定法律提供弱勢族群金錢補助，違反了憲法。一九二三年的麻薩諸塞州訴梅隆案（*Massachusetts v. Mellon*），原告是麻州，被告是聯邦政府官員，所告的主題，是認為國會通過的《產婦法》（*Maternity Act*）違憲；因為聯邦政府用此法撥款由各州補助懷孕婦女，要求各州提出執行報告，侵犯了《憲法》上由各州自行保留而未讓渡給聯邦的州主權；而弗羅辛厄姆訴梅隆（*Frothingham v. Mellon*）案則是一位公民原告同樣控告聯邦政府官員，也主張同一部法律違憲，理由則是撥付補助款侵犯了納稅人的權利。

最高法院的判決是，這兩起訴訟都不是法院依照《憲法》審判所應處理的案件，原告不能打這官司。因為不是《憲法》上權力分立制度中，司法被分配到的功能。權力分立與其說是像切蛋糕一樣地將權力切割後交由不同的部門行使，不如說是交由不同的部門分享權力決策地位的制度。

最高法院解釋：

「憲法已將權力劃分由不同的部門行使。交給立法部門的是制定法律的責任，交給行政部門的是執行法律的責任，交給司法的，則是解釋並將法律適用於進入法院的訴訟個案之中。」

「基本的原則是，任一個部門都不侵犯其他部門的領域，亦不控制、指揮或干預其他部門的行為。本案不是只涉及政府人員的行政責任而已。司法沒有憑空審查國會法律，並以違憲為由而將之作廢的權力，而只能在遇到主張法律侵犯權利並造成傷害的司法性爭議出現時，才能受理。」

「司法的審判權力，只在確認並宣告適用於個案爭議的法是什麼；充其量相當於忽視違憲法律的一項消極權力，以避免該項法律成為實現合法權利的障礙。發動司法權的當事人，不是主張法律違憲就已足夠，還要說出他已經如何受害，或是有因法律實施而立即直接受害的危險；而不能只因為他會和其他人一樣受到某種不確定的不利益而已。」

「如果是請求防止侵害發生的救濟，法院要防制的也不是依法行政的法律本身，而是行政機關的行為。本案中原告不是此種情形。表面文字下面的實質，只是訴請本院阻止行政部門即將執行違憲的法律，這不是審判司法性的爭議，而只是針對地位平等的另一個政治部門施展過問其行為的權力，但這絕非本院擁有的權力。」

一言以蔽之，法院的責任是在保障及修復個案權利，並不只是為了控制法律違憲而已。缺乏有待救濟的權利存在，當事人不能只是為了法律是否違憲的問題發動司法權。納稅人或是各州，都不能只是為了請求法院單純地認定法律是否違憲而提起訴訟。

如果用白話解釋，法院為什麼說因為納稅人沒有受害，所以這事根本不能打官司呢？因為，納稅人若有受害，那是他繳稅給政府，銀錢脫離荷包的時候，就已經受害了。他若是為了該不該付稅而打官司告政府，法院就不會說他不能打官司，而會就他究竟該不該付稅的問題，進行審判。現在他告的是國會不該花錢補貼孕婦。他對繳納稅款給國家一事，沒有爭執，他的稅金已經變成國庫的財產，不是他可以支配的財產，他請求法院過問國會為什麼要花這筆錢，法院的回答是，如果你沒有受害，法院不能只是因為你主張國會花這筆錢違憲，就過問國會花錢的事。憲法的意思是，怎麼花錢是國會的事，沒人因為花錢而有權利受害時，不關法院的事，法院不能過問。這就是權力分立的道理。

然而，司法為了救濟個案而進行審判，每位法官都獨立行使權力，會不會出現相同的案件前後判決內容不一致，傷害司法的信用呢？

依循先例的司法

情節相同或相似的案件，由不同的法官做出的判決，內容應該一樣嗎？當然應該要一樣，對不對？但是怎樣可以確保彼此一致呢？什麼樣的案件算是相同的或是相似的案件呢？

同樣的問題，還有另一個問法。

法官獨立審判，有賴自己的智慧，需不需要仰仗前人的經驗呢？同是法院，對於情節相同相類的案件，可以各執一詞，做出歧異的判決嗎？這是了解司法獨立的重要問題，卻很容易引起誤解。

案例法系國家的社會，對於司法一向具有高度的尊敬與信賴，自有其制度與文化上的原因。關於如何獲致裁判一致性而使得司法具有可預測性，藉以贏得人民的信賴，原是任何國家的司法都必須克服的挑戰。但是，此點在英美這些案例法系的法院卻顯得特別成功。一項重要因素是，英美的法院有一項數百年間經由每位法官身體力行養成的特有司法文化，懂得「依循先例」（stare decisis）。

Stare decisis 是拉丁文，我國無此社會傳統，就又遇到了需要翻譯的問題。一個常見的譯法是「判例拘束」，其實顯示了其中可能還帶有若干理解上的誤會，即使是毫釐之差，也可能形成想學都學不到位的問題。「依循先例」，才是較能準確表達其意的譯法；也在一定程度上，呼應了中文詞彙「循例」中，「循」有依慣例而不逾常的合度精神。

Stare decisis 說的是什麼呢？用英文表達，是 do not disturb the settled peace，就是不輕易攪擾既有的安定秩序的意思。這裡簡單歸納一下它的具體內容與做法。

法官審判每個案件，為了形成自己的判決與判決理由，下判決之前，必然先從過去的舊案之中，搜尋與此案案情類似的先例（通常雙方的律師都已在訴訟資料中提出並引用了大量先例做為其法律主張的依據與佐證），做為參考。因為每一個司法判決，應該都是深思熟慮之下的理性結晶與產物，先例之中記載了前人的智慧，可以用來形塑或是支持自己的判斷與理由。

對於可以適用於手頭個案的先例，法官有三個選擇：第一個選擇，是直接採用先例的理由，做為判決的理由，大部分的法官在大部分的案件都會如此選擇；可能加些理由，也可說明甚或不解釋為何追隨先例，因為先例應已將理由說得明白，無須更多詞費。

第二個選擇是區別，也就是提到看來類似的先例之後，指出本案情況其實有與其不同之處，而且說明這些不同不容忽略，而且正是兩案實不相類以致不能援彼例此的理由。於此可知，後案的法官其實可以說明區別先例的理由，不按照先例的思路做出判決。

第三個選擇，則是法官承認先例確實類似，但明白指出先例的判決理由並非正確，不可採用；此種情形稱為推翻（overturn）先例，所謂推翻是說不予追隨的意思，並不是回頭重新變動原案判決確定的權利義務關係。法官若是決定選擇推翻先例，必然會明白而且詳細地交代理由，指出先例錯在哪裡。

法官固然可以選擇推翻先例，但實務上絕不經常為之。而且不會看到後來的法院，再一次推翻而重回已被推翻的舊例。因為每個法官都知道，推翻先例，會改變先例原先所建立的社會期待，也會予人法院出爾反爾的印象，傷害法院的信用甚鉅，絕不可反覆為之。

法官既可選擇推翻先例，就可知先例並不拘束；司法獨立也確實存在。但是法官並不需要以標新立異為能事，也不需要利用否定先例的方法來證明司法獨立存在。法官依循先例的決定，本來也是司法獨立思考的結果，司法獨立也不當然需要傷害司法的信用，司法獨立與依循先例並不是相衝突而不能相容的概念。司法為了防止錯誤，往往還設有審級制度。同一個案件中，上級法院的判決直接拘束下級法院。若不是同一個案件，上級法院的判決對下級法院也只是先例，下級法院若不依循，甚至明言上級法院的先例觀點，是否能夠維持，仍視上級法院是否決定推翻自己的判決前例而定。

一九四三年，美國最高法院有個至今猶被遵守而具有重要影響的案子：西維吉尼亞教育局訴巴尼特案（*West Virginia Board of Education v. Barnette*）。法院以六比三的票數推翻了自己才在三年前做成的判決（*Minersville School District v. Gobitis*）。前後涉案的都是基督教耶和華見證人教派信徒的子弟及家長，因為信奉《聖經》中不禮敬任何偶像或標誌的教誨而拒向國旗敬禮並宣誓效忠國家而罹刑責。最高法院在前案中確認加施刑罰並不違憲；在後案中，下級法院的判決直斥其非，不肯依循先例，直接認定此舉違憲。可知下級法院並未受到上級法院的判決先例所拘束。就這樣，情節類似的案件又重新回到了最高法院。

這次最高法院反而支持下級法院的見解，決定自我檢討修正。並且指出要求公立學校小學生向國旗敬禮，依誓詞表達效忠國家，業已違反憲法。傑克生大法官（Robert H. Jackson）主筆的判決書宣告《聯邦憲法增修條文》第一條不容許在任何議題上產生一致的意見強令他人必須接受。國旗做為國家的標誌，得到的尊重無論如何也不足以篡奪憲法對言論自由的保障。縮限或鎮壓反對意見不是創造團結的恰當手段，也沒有效用。

前面的案件判決認定強制禮敬國旗合憲的主要理由是，國家團結是國家安全的基礎，執政者有權選擇適當的手段去追求團結。後案的判決則以為，這樣的理由並不足夠。政府人員當然可以用說服甚至建立榜樣的方式提倡團結，問題是《憲法》是否容許像本案的情形一樣地使用強制手段來達到目的。

「權利清單的核心作用，是要將某些議題置於政治爭議的翻雲覆雨之外，使之不為多數及政府人員的影響勢力所及，並且以此做為應由法院適用的法律原則。每個人的生命、自由、財產的權利、言論自由、新聞自由、信仰自由、集會自由及其他的基本權利不能交由投票決定，也不是依賴任何一場選舉決定的。」

「開始想要壓抑反對言論的，接著就會想要殄滅反對者。強迫得來的意見統一，只會在墳墓裡得到整齊劃一的觀念。」

「我們基於被治者的同意組織政府，權利清單否定當權者利用任何法律上的機會對這項同意進行脅迫。」

「絕不是只有在不重要的事務上可以表達不同的意見；那只是自由的影子。真正的考驗是對於觸及既成秩序核心的事務有權表示異議。」

判決書還有一段發人深省的警句：

「沒有任何可由官方（無論其位階高低）規定什麼足以構成政治的、民族主義的、宗教的，或其他方面引為正統的標竿性思想，能夠強迫人民用言語加以承認或用行動加以遵行。」

這是最高法院針對前例的錯誤提出反駁，勇於自我批判，今是昨非，逕將司法信用的升降付諸輿論的公評。此案推翻前例之後，新的見解成為定論，八十年來沒有改變過。最後加注一句，法院的判決因為依循先例而具有透明度與可預測性，就會贏得人民信賴，還有一個條件，就是人民可以預測的，須是法院懂得以依法保障權利為能事才成。如果可以預測的竟是法院一貫地判決政府勝訴，拒絕依法保障人民的權利，無論如何也難贏得人民信賴。

也許有人會問，法院判決具有高度透明度與可預測性，對法院自己究竟有何益處？乍思之，建立高度的可預測性，原是司法自我設限，習於以先例為師，縮限了法院打著司法獨立的旗號任隨己意判決的空間，對法官似乎沒有什麼好處。

一位英國的大律師以為，依循先例其實可使律師與法官兩得其利。對律師而言，敦促法院依循先例事實上可以防止，或至少大幅減少法院的恣意與武斷。對法官而言，師法前例的判決，有前例做為後盾，可以避免輿論指責司法出爾反爾，濫用司法權力。判決具有可預測性，對於法官就是一種保護，外界批評審判權力反覆難以成立。

法院不是不能破除先例，依循先例的原則就是教法官不要自我為難，不隨意破除先例其實是法官懂得自我保護，法院天天破除先例不就是天天自我為難嗎？

法院到底會不會犯錯呢？這是接下來要談的題目。

奴隸的世紀救贖

法院會不會犯下嚴重的錯誤呢？

當然會。法官是人，不是神，怎能不犯錯誤？美國的法官曾經犯下不只一次的天大錯誤，為禍百餘年之久，至今似乎遺毒猶在。那我們要學的是什麼？學著體會錯誤，認識錯誤，而不重蹈覆轍。

在美國獨立戰爭發生之前，一七七二年英國皇座法院在薩默塞特訴斯圖爾特案（*Somerset v. Stewart*）一案即已指出，將奴隸視為動產並不符合英國的案例法，英國國會的法律也無奴隸制度的立法，是為英國本土質疑並且否定奴隸制度正當性之始。但是英國對殖民地採取放任政策，美洲殖民地販奴役奴，並未受到英國政府的干涉。

美國費城制憲時，來自南北雙方的代表對於《憲法》上應如何處理奴隸制度的問題看法不同。當時奴隸是美國南方農業經濟的重要勞力資源，農業經濟對北方不那麼重要，北方對於奴隸制度入憲，期期以為不可，並思有以禁止之。此事雙方僵持不下，甚至一度休會；歷史記載，華盛頓（George Washington）將軍釣魚去了。

制憲的結果，採取「同意互不同意」的拖字訣，充分顯示在美國《憲法》第一條第九項：「現有任何一州所允准移入或輸入之人，在一八〇八年以前，國會不得禁止之。但得對輸入課稅，每人以不逾十美元為限。」，也就是推遲二十年再行處理的意思。然則一八〇八年到臨之際，仍然不能立法廢奴。南北雙方之間矛盾更甚，嫌隙益深。直到一八五七年間，由聯邦最高法院首席大法官譚尼（Roger B. Taney）主筆的史考特訴山福特一案判決出爐，竟成引發南北戰爭的導火線。

此案源於史考特（Dred Scott）在蓄奴州的家鄉原為奴隸，隨著主人軍營的駐紮地不許蓄奴而成為自由人，不欲返鄉後重入奴籍，乃以其主人為對造提起訴訟，希望確認其法律身分。此案最高法院認為奴隸不因曾在自由州居住即從此當然脫離原州奴籍；《憲法》在制定時，並未否定非裔居民的奴隸身分，美國全境皆可蓄奴，非裔並非憲法保障基本人權的主體，一八二〇年國會所通過的《密蘇里協議》（*Missouri Compromise*）禁止新加入聯邦的地區蓄奴，已經違反憲法保障的財產權，法院不得適用。

這是繼馬布里訴麥迪遜案之後，聯邦最高法院第二次宣告國會立法違憲，其直接的影響，是廢奴並非國會立法可以決定的事，必須修憲才行。漸成少數的南方各州，因此陡然聲勢大振，難以期待國會立法長期容忍的蓄奴制度，竟然因為譚尼的論述，意外地得到了《憲法》的武裝。

最高法院第一位曾經取得正式法律學位的大法官柯提斯（Benjamin R. Curtis），提出不同意見，指出必須依照制憲時的標準認定誰是公民；制憲時各州的公民就是聯邦的公民，當時十三州已有許多州接納自由的非裔居民成為州的公民，還有五州有色人種也有權投票。《憲法》也已明文授權國會制定適用聯邦新地區的規範，當然包括能不能夠蓄奴在內。兩相對照，高下立判，主筆者成見之深，也顯而易見。譚尼發明的非裔居民非人論，當然絕不可取，上引《憲法》條文文字，其實已經明言了所輸入的是「人」（persons），奈何出身南方的法官不肯以人視之，平等相待。

兩年之後，竟還出現了另一宗更難以置信的判決。密西西比州最高法院在一八五九年米切爾訴韋爾斯（*Mitchell v. Wells*）一案的判決中，拒絕依照聯邦憲法的規定，承認並執行俄亥俄州法院的一樁確定判決；俄州法院判決原為奴隸但依俄州法律成為自由民的居民原告，有權利依照她父親的遺囑接受留給她的遺物。

密西根的判決理由如此批評：「給予公民身分，會使得一個見棄的種族，在自然界中佔據一個介於白人與無知禽獸之間的中間位置。」

該判決以為，不論是講道理還是講禮貌，密州都不該承認俄州法院認定次等種族可以享有權利的判決，「即使假設俄州依據某種慈善怪癖，自願再次下降其人格等級，主張賦予猩猩或是某些智猿長老以公民的資格，難道並未同樣瘋狂的其他各州，也必須基於禮貌，以為接受野蠻的族群進入邦聯姊妹州的家庭，事屬必要？」

此中表達的意思，與史考特案的觀點其實同出一源，而其司法口吻，顯然惡劣更甚，今日讀來，為之髮指。

史考特案的判決促成林肯（Abraham Lincoln）下定決心參選總統，他主張此案不應為後來的法院所依循，也誓言將之推翻。林肯當選之後，南方各州宣布脫離聯邦，林肯斥為違憲，於是進行了四年的南北戰爭。在北方勝利之後，十年間完成三次修憲，明定禁止蓄奴、非裔公民應受法律平等保護，並享有投票權。其時林肯業已被刺遇害；譚尼則是在家鄉馬里蘭州廢除奴隸制度的當天去世。

三次修憲之後，美國仍然種族隔離盛行。一八九六年聯邦最高法院做成普萊西訴弗格森案（*Plessy v. Ferguson*）一案判決，只有八分之一非裔血統的原告，控告其搭乘火車時遭拒乘坐白人車廂，違反了《憲法》的平等保護。法院並不同意其主張，提出「隔離但平等」的說詞，將種族隔離看成《憲法》所容許的社會習慣；隨案公布的一分不同意見書則提醒多數，不該忘記《憲法》應該是色盲的；預言了這項錯誤的判決終難持久。近半世紀之後，聯邦最高法院於一九五四年才再做成布朗訴托彼卡教育局案（*Brown v. Board of Education*）一案判決，宣布公立學校黑白分校的措施，以種族做為區分標準，違反《憲法》的平等保護，此案明言普萊西一案之後已被全美奉行、種族隔離合憲的理論錯誤，將之推翻，並且直接宣告隔離即不平等。美國隨之又重就種族歧視問題，引發了新一波的社會爭論。但聯邦法院的法官們，改依布朗案判決，堅定不移，因種族歧視而形成無處不在的種族隔離，從此走入歷史。庶民社會生活面貌，為之丕變。

其實，還要再過半個世紀之後，美國才有機會在二〇〇八年選出第一位非裔公民成為總統，種族平等也邁入了新的歷史階段。但是時隔不久，白人至上又再出現成為鮮活的激進主張，種族歧視仍是未消失的社會議題。

如今回顧，不能不說史考特與普萊西兩起判決兩度在種族問題上鑄成了大錯，其中一起引發了內戰，修憲才得翻轉；另一起則要等待半個世紀經由法院主動認錯，才能掉頭。兩百年之後，費城制憲時因為奴隸制度存在而留下的政治與社會問題，竟然還是沒有完全解決。當然，有什麼樣的社會，就會有什麼樣的司法；然則，深思熟慮的司法又何嘗不能引導改變社會？

人類歷史上奴隸制度絕非只在美國存在，但美國獨特的司法經驗，逼人思考奴隸制度的源頭究竟是什麼。美國聯邦最高法院兩起判決的錯誤，在於認為非裔居民不同於佔人口多數的白人，品質低下，也就不肯承認他們也是平等的公民；就連司法也假設，人因膚色不同而顯出不平等；既非平等，將人貶為奴隸，當作禽獸一般，概無生命、自由、財產的權利，也能心安理得。

然而，《憲法》是色盲的，因為人是平等的。民主政治的前提，就是平等，一人一票，票票等值。膚色不同的人，生物學上同樣是人，基因上缺乏任何可資辨識族類界限的差別。因為都是人類，並不存在科學上的區別；是人就該平等對待，就都是平等的公民，不容掌權者加以歧視。這是一種價值認識，美國從制憲之初學到現在，學習的歷程似也還未走完。

因外表膚色的區別而對人產生歧視，而想加以宰制，就是奴隸制度的起源。認定膚色不同就以之為「非我族類」，所缺少的，則是人都是人，生而平等的觀念。人有人的尊嚴，生而平等，也是《權利清單》上一切權利的起點。《權利清單》上的權利，原就包括生而平等的平等地位在內，司法無此認識，就會犯錯，而為壓迫奴隸張目；有了正確認識，就能矯正錯誤，揮別奴隸制度。司法不會不犯錯誤，但只要懂得自我省察，深思熟慮，發現錯誤時勇於承認也肯於自我糾正，司法就能繼續得到社會信賴，成為法治的最後屏障，也有效地拘束掌權者，使之服膺法的拘束。

英國早年也曾發生奴隸問題，但不如美國嚴重。美國尚未立國時，英國法院即已根據傳統的案例法，質疑奴隸制度的正當性；美國先則在《憲法》上規避問題，終則明文改變成文憲法典，才促成司法不再支持奴隸制度，並且學習否定奴隸制度的遺緒——種族隔離割裂社會。然則做為英國傳統的案例法，與美國的成文憲法典，究竟有什麼差別呢？值得進一步思考與說明。

憲法與法律有何不同？

英國的案例法，淵源極早，從何時開始，學者通說已不可考。如果大陸法系的法律是始於成文的法典，案例法則始於沒有法典時代，那些在法院判決紀錄裡面留存的無數判決先例。

如果以為案例法國家如英國或美國，只有案例法而無成文法的法典或法條，其實是不符常識的嚴重誤解。光榮革命之後，英國強調巴列門主權（Parliamentary Sovereignty）或國會主權，國會就是立法機關，怎麼可能沒有成文的立法；美國亦然，依憲法設置參議院與眾議院共同構成立法機關，使之相互制衡，所制定的法律數量龐大，絕不亞於任何其他的國家。所謂案例法國家，指的是除了有國會制定的法律之外，還有由法院裁判累積的案例法，往往是了解或研究該國法律更為重要的部分，與大陸法系國家是以研究立法者制定的（或是法典化的）立法為主，有所不同。

案例法主要依靠「依循先例」來形成可以辨識的法體系，重點是判決先例所依據的判決理由，構成以後法院依循的基礎，累積發展出不以一條一條的法條加以表達的法。大陸法系的法官依據法律做成判決；案例法或英美法系的法官除了依據法律，並且通常依循判決先例的理由來形成自己的判決理由。正因案例法無法使用一條一條的條文來表現，必須了解或追問，前宗判決的事實為何，以及法官所以如此判決背後的理由為何，因此常以「非法典化的法」加以稱呼，以為區別。

美國自英國獨立，但法律文化與法體系的發展深受英國影響，所以也是案例法國家。若問英國法與美國法最大的區別是什麼？美國有一部法典化的《憲法》，並且據之形成了憲法的案例法；英國則並沒有單一的、冠名為「憲法」的憲法典存在，可能就是形成兩國發展出不完全相同的案例法最主要的原因。

這一切可從英國的《大憲章》與美國成文憲法典的比較說起。英國的《大憲章》被認為是成文憲法典的源頭，但是《大憲章》與美國的憲法典有幾點重要的不同。

第一，英國的《大憲章》，是一部因為英王存在而寫成的法。美國決定不奉英王或任何人為君，獨立建國之後制定的成文憲法典之中，沒有國王存在。

第二，《大憲章》是被治者（當時是一群具有貴族身分的領主）與統治者（國王）簽訂的契約，用來約束國王，防止國王壓迫被治者。幾百年之後，一再修改，還加上新種形式的束縛，國王的權力終被剝奪乾淨，只留下一個受到高度禮遇與尊崇的虛位名義。美國《憲法》，則更被形容為平等的社會成員（其間的爭議在於是否僅指白種男人而言）之間締結的社會契約，大家約定如何成立一個權力受到限制、不能侵犯每個人基本權利的政府，為社會成員服務。人民自身才是最終的統治者，政府，是公民自治的組織。

第三，《大憲章》之後發展出來的英國政治體制，是將國王的主權，移轉交由人民選出、代表人民的國會行使來控制王權，形成國會主權。因為國王始終存在，國王只能是個吉祥物，不許權力復辟，也就始終是法律所必須約束的對象。國會約束國王的立法（包括《權利清單法》與《王位繼承法》），與國會通過的其他法律相比，形式上相同，實質上位於具有特殊重要性的位置，國會成員們還歷代相傳地養成了許多約束英王、也彼此相互信守不渝的政治習慣，稱之為「憲政慣例」（Conventions），同時構成憲政不可或缺的部分。

也就是說，在英國，法的形式乃分為三種，國會制定的法（包括條約），政治領域（主要是國會）中形成的憲政慣例，與法院判決所形成的案例法。案例法在英國正式成為法，還有一個重要的過程。就是在一〇六六年征服者威廉統治英國開始，曾經首先頒發王令，承認法院案例法所確認存在的權利，都為英王所認可而成為國法的一部分。一〇六六年之後，就只有國王或議會，而一六八九年光榮革命之後就只有國會，可以法律創設賦予權利。

美國則不立國王，觀念上是以成文憲法典取代國王而成為最高的國法，所有依據《憲法》組織的各個政府部門都受其約束，包括有權代表民意立法的國會，負責帶領所屬執行法律的總統，以及負責依據《憲法》及法律審判個案的各級法院在內，互為犄角地相互監督約束，形成制衡，以確保人民的權利不被侵犯。但美國不像英國其有長期的政治傳統形成的種種憲政慣例，美國國法的形式，主要包括《憲法》、國會制定的法（包括條約），以及司法系統所形成的案例法。在建國初期，美國的法院常常依循黑石爵士的著作所整理的英國案例法判案，英國的案例法也因此成為美國案例法的重要部分。

第四，英國沒有一部法典化的憲法典，制定法只有國會的立法，所以不會發生國會的立法是否違反《憲法》的問題；但是法律與法律之間仍有優先適用的順序，最重要的法律（例如《權利清單法》）就會成為法院最優先適用的法。法院審判時不會引用憲政慣例審判，因為憲政慣例基本上並不涉及公民權利的問題；英國法院若是需要適用行政機關發布的命令審判，就會審查行政命令是否違反國會的法律；違反法律的行政命令，法院也不會以之做為審判的依據。

美國制定了一部憲法典，屬於剛性憲法，國會不可以用立法的程序加以修改，所以馬歇爾首席大法官在馬布里案中得出的判決理由，是國會的法律不能牴觸《憲法》。和英國有些不一樣，美國的權利清單是《憲法》，不是法律，法院會審查法律是否牴觸《憲法》規定的權利清單，不會適用違憲的法律審判。當法院針對民主國會立法為司法審查時，實際上就是在防止多數民意制定的法律侵犯個人的基本權利。

第五，英國有國王而無憲法典，國會議員是原選區人民的喉舌，國會主權就是人民主權。國會中沒有不分區政黨代表。國會基於法治原則（rule of law）拘束王權，國會多數黨議員組成內閣，是代表人民監督指揮國王屬下官吏的意思。議員不能擔任事務官，因為事務官是行政官員；但政務官由來自國會的議員擔任，不被視為行政官吏，並不支領行政部門的薪水。

美國無國王而有憲法典，用權力分立的方法限制政府權力，三個政府部門都是憲法限制的對象。總統的內閣成員都是行政官員，《憲法》禁止國會議員擔任其職務，以免權力過度集中。國會議員固然是選民的代表，但是美國人的歷史經驗是國會可能代表多數壓迫少數，所以立法權也是必須由憲法限制的權力。與法律相比，憲法是較高法。

馬歇爾首席大法官在馬布里案中使用「void」一字描述違憲的法律，原意是指法院在《憲法》與法律之間選擇如何適用之際，應將違憲的法律視為「缺位」或「不存在」，而須優先適用《憲法》進行審判的意思，是個選擇適用什麼法律的規則，原與英國法上是個在規範之間釐清適用的順序概念相通，並不涉及廢棄規範的意思。這原是因為美國制定剛性的成文憲法典以控制國會立法，才出現了英國所無的觀念變化所致。被馬歇爾大法官宣告為違憲的那部《法院組織法》，並不因此即從法典上消失；是否應予修改，那是國會的職司。因為馬歇爾大法官的判決，只能拘束馬布里與麥迪遜，並不拘束其他人。

馬歇爾的用語，卻很容易被大陸法系理解為，與高階的《憲法》牴觸時，低階的法律應該就此完全喪失規範效力之意，以致認定法官有將違憲法律完全廢棄的權力，反而將不是民選的法官藉著審判保護個人權利的責任，擴充到可在個案之外形成通案規範的權力，司法的地位因此發生實質的變化，而為英美法系所難以理解。從這個意義上說，英美法系做為現代司法的發源地，其司法的原始意義一旦在法律繼受的過程中產生偏差或誤解，即可能發展出不同的面貌，形成新的問題；甚至可能在不明就裡的情況下，面目全非。

上面的文字，是在試圖簡單地描述現代西方司法的來源及其與權利觀念之間的關係，與我們傳統上所理解的，沒有權利觀念的法或是司法，究竟又有什麼不同呢？一樣也要從頭說起。

第二章

儒法社會的蛻變

以刑為始

回顧我們傳統社會（本書稱之為「儒法社會」）文化之中司法的觀念是什麼？先該問問傳統社會中的法是什麼。這可從「法」的中文造字說起。

「法」字，如果不是還埋藏在許多尚未認出的甲骨文之中，商代似乎並無此字；最早見之於西周成康時代的金文，鑄於青銅器上。古寫「灋」字就被認作今天的「法」字，也有以為與「廢」字相通的。漢代許慎著字書《說文解字》，以為「灋」，「刑也，平之如水，從水；廌者所以觸不直者去之，從去。法，今文省。」

「灋」字內中的「廌」，讀做「至」，與「豸」同。許慎的解釋是：「解廌獸也，似山牛，一角，古者決訟，令觸不直者。象形，從豸省。凡廌之屬皆從廌。」此字是獸名，商代甲骨文中已經可以見到。有意思的是，許慎說像牛，一角；但甲骨文中的象形字，所畫的皆是兩角；其實生物學上罕見獨角的野獸（犀牛是極其少數的例外），而兩角獸若從側面看，亦是一角。所以廌是犀牛？是鹿？是羚羊？是羊？當是出自古早缺乏普及文字時代的口耳相傳，尚難確考。

用廌獸做為審判的方法，原是古代「神判」的一種形式。背後包含著幾層意思，必是審判時委決不下，只能寄望於神力；誰被神獸頂觸誰就是不直，就是判決的結局。一角羊，世所罕見，說它具有神力，人們容易相信。託之於神力，在於神判必然正確無誤，堪昭庶眾信服；對被審判的人而言，此舉與賭博無異。訴諸神判，是在不知道講求證據的時代，審判者依賴想像中的神力來建立判決正確性。這當然不是好方法，最後只會顯示審判者的無能，還不如神羊。

許慎的解釋中說「法」字從「去」，去什麼呢？去「不直」。還記得前面說到英文right字譯作權利，嚴復與張佛泉兩位以為更好的譯法是「直」嗎？「直」與「不直」相對，與「善」與「惡」相對是一樣的意思。許慎對「直」字的解釋是：「正見也，從乚，從十，從目。」甲骨文中此字的造字法是指事，眼睛向前直視，意思就是正見。直字，與道德的「德」字關係密切。「德」字原來的寫法是「悳」，此字也未見於甲骨文，只在周代的金文中出現：許慎解釋「直」為「外得於人，內得於己也。從直，從心。」是個會意兼形聲字。去不直，就是去惡；也相當於去除不合道德的事或人。

應該還有一問：「刑」是什麼。刑字更早的寫法是「荆」，許慎有兩種解釋，刑是「剄也，從刀，幵聲。」㓝是「罰罪也，從井、從刀。《易》曰：井者法也。井亦聲。」法就是刑，刑就是法，㓝就是以刀刎頸，就是處罰，處罰有罪之人。

去不直，又是怎麼個「去」法呢？殺戮、監禁、貶謫為奴、當眾羞辱、流放手段很多，都是足以使人脫離正常社會生活的刑罰。

許慎的解釋，也說明了法的目的。法去不直，乃是對不直之人加施刑罰，以期得到像水一樣的公平；「平之如水」，平，是公平，自也有人心得到平復的意思在內。對惡人加施刑罰，得到公平，人們也就因心服而可恢復平靜。所以法就是刑，原就是統治者為社會控制的一種方法。法字在中文裡的初始觀念，與刑密不可分，無可懷疑。

但是，從《說文解字》的內容也已知道，即使刑是國法的源頭，但法與刑終會形成分殊的觀念。刑是處罰的種類與方法，法則是受罰的原因與道理，是「不直」的預示，也是有效預防「不直」出現的重要前提。

從現有的考古證據來看，法與刑，都是周代已出現的文字，商代有無這兩個字、其文字如何書寫，並不清楚。冒犯統治者會受罰被刑，這事必然遠古即已有之，刑的手段必也多種多樣，但是，除了生活累積出的習俗、習慣之外，如果要人們廣泛知道甚或同意什麼是不直，或是什麼事不能做而應受罰，也就是要在什麼是刑之外，另外出現什麼是法的觀念並且形成制度，恐怕就要與文字的發明與使用，產生相當密切的關係了。

畢竟，以文字做為傳達什麼是「法」的媒介，要比口耳相傳的方式遠為明確可行。法的觀念出現與發展可能會與文字同步，即不難想像與理解。另一方面，缺乏文字的記載，真要明確認識什麼是某個遠古時代社會的法的具體內容，恐也非無困難。

就像《尚書》裡面久有「象刑」的記載，當是文字尚不普及的時代，統治者利用圖畫或是某種表徵來讓人們了解何為不直而應受罰的方法。但知道有象刑，與知道其象為何，是兩回事。法在文字普及之後才能發展成為一種常態的制度，才能與刑的觀念有所區分，才能更有效地利用刑來防止不直破壞社會秩序，應該是合理的推斷。

當然，法從一開始就與刑聯結，甚至是同義語，或已足以解釋，為什麼直到今天，社會上一般人對於「法」這檔事，總有畏而遠之、能避則避的心情，鮮少將法視為可以用來保護自己面對統治者的憑仗了。

法，如果不等於刑，還有可能是什麼呢？司法又是什麼？都必是接踵而至的題目，還需要再加說明。

有王法而無民法典

加課刑事處罰的刑法，在當代的法律秩序上固然仍然存在，就今日立法的數量而言，刑法其實只佔有很小的部分；但在人們對「法」的意識之中，卻可能佔據了過大的位置；這很可能是來自傳統文化中法的觀念的無形影響。

以施用刑罰為核心觀念的法，還有個生活中常用的詞彙：王法。王法一詞，見於三千年前周代遺留下來的《逸周書．小明武》：「敦行王法，濟用金鼓。」「上有軒冕，斧鉞在下；勝國若化，故曰明武。」斧鉞向來是王權的表徵，很有大刑用甲兵，陳諸原野的味道（此語出自《國語．魯語》）。

也是在周代出現的《尚書》，是儒家的五經之一。其中〈洪範〉一篇，透過箕子與周武王姬發之間關於治理方法的對話，教導君王掌權就該建立最高的法則（建用皇極），要掌握所有予民福祉的資源（斂時五福），統治者樹立正直的標準，一切取法於王的法則（王道正直，會其有極，歸其有極）；稱之為天子，就像人民的父母一樣，是天下的主宰（曰天子作民父母，以為天下王）。亦即天子所建立的王法（皇極），就是終極的是非標準。洪範一詞原就是大法的意思，所說的大法就是君王要掌握大權，使臣民無不聽命。既然王道正直，不服王道，就是不直，就可成為用刑的對象了。

王法是君王的號令，是要求庶民服從的法，不服號令就可動用刑罰，以儆效尤。王法，就是我們所熟悉之傳統文化裡的法的觀念。

然則，除了指向傳統的王法或是刑法之外，現代生活所熟悉的法，至少還包括另外兩種不同的法的概念。

一是民間的契約，原也是可循司法途徑強制依約履行的法。契約，是私人之間雙方同意從事財產交易的約定；契約法，就是國家依契約當事人請求，動用司法程序促成當事人依約履行的法。我國的傳統觀念中，當然也有契約的觀念，但是依約履約是倫理道德（朋友有信），在民國二十四年的民法典公布實施之前，並沒有民法典，也沒有契約就是法的觀念存在。這裡舉兩個例子來說明。

外雙溪故宮博物院收藏西周厲王時期的散氏盤，可能是迄今發現最早使用青銅器記載的一分和解契約。盤上的銘文顯示了背後的故事，相鄰的夨姓諸侯侵犯並殘壞了散姓諸侯的田地，雙方在王室代表的見證下訂立了和解契約，散氏將之記錄在青銅盤子上。

契約內記載了侵權行為形成的糾紛、理虧的夨氏割讓兩塊土地做為賠償，經過雙方人員會勘丈量、繪圖、連圖交割及詳細記錄割地之四至以及在場人員的身分姓名後，立此契約，夨氏一方的人員並且宣誓，既已交付兩塊土地，如果爽約，反悔多少就認罰多少。這且像是附有懲罰違約金的契約了。但是當時若不存在國法規定不信守契約時，可以請求周王動用權力強制履約，就仍是有契約而無契約法的時代。

契約法或是侵權行為法，都是英美案例法系經由法院數百年的累積而建立的案例法，也都是大陸法系國家民法內容中的重要環節。大陸法系因以制定嚴謹周延且條理井然的民法典而聞名，從公元前四四九年羅馬制定的《十二銅表法》，到後來的《查士丁尼法典》，到《拿破崙法典》，兩千五百年間發展出成熟的民法體系，規範社會成員私人之間，主要是財產活動中的權利義務關係。因為法典化的時間悠久，於大陸法系所制定的法律之中，常在法律學習過程中居於火車頭的位置。

再說一例，約法三章是《史記》記載的故事，人人耳熟能詳。說的是劉邦入關中，秦王出降，劉邦封存秦宮重寶財物府庫，還軍霸上。召諸縣父老豪桀曰：

「父老苦秦苛法久矣，誹謗者族，偶語者棄市。吾與諸侯約，先入關者王之，吾當王關中。與父老約法三章耳：殺人者死，傷人及盜抵罪。餘悉除去秦法。」

此中「約法」二字，在民國初年，被廣泛用於制定《憲法》的過程中，彷彿劉邦與父老之間真的曾有一個約定的樣子。誰都曉得，即使有約定，雙方也不以為是個可以強制履行的契約。劉邦其實只是布達了一項政治布告，刪除《刑法》只賸三條，而且宣示軍不擾民而已。事後項羽屠咸陽，楚漢相爭時蕭何在關中頒行《九章律》，如果約法三章是契約，劉邦就是違約毀約，但是誰又能如此主張呢？不像《大憲章》上記載了簽約者的姓名，當時與劉邦締約的當事人是誰，怕是連個姓名都無。

所以如此，是因為中文世界中的約定，通常不存在任何「法的意識」。就像與朋友約好共進午餐而朋友爽約了，會責其失信，但不會到法院告他，因為這不是契約。但是，即使有個契約，如果缺乏可以強制履約的制度性保障，也是枉然。

契約法，是具有法意識的制度性保障，必須由法院進行審判加以執行。即使是雙方不經法院裁判而達成和解寫下了和解契約，仍需要有法院在一方反悔時可以判決命他履約，和解協議才不會徒勞無功。這是民國制定《民法》、成立法院之前，中文世界從來沒有到達的境界，就因為從來既無一本契約法，也無包括一套契約法在內的民法的緣故。

劉邦可與關中父老寫個具有法意識的契約嗎？當然可以，那就該像《大憲章》一樣，父老們與劉邦都簽下姓名，言明是代表關中人民締約，最重要的是，要寫下劉邦如果違約，如何處置。當時真的這樣立約，約法三章就是《大憲章》了。只是歷史如此發展的條件並不成熟，雙方也絕不是處於實力相當可以平等締約的位置。當然無約可締。

《大憲章》的締約雙方，條件具備，所以《大憲章》中約定，應由二十五人爵士團確認約翰王違約時即可逕取王的城堡財產做為賠償；賠償，原來就是違反契約時恰當的救濟方法。至於美國人，則根本不立國王而改由社會成員一起寫個如何組織政府的社會契約，稱之為《憲法》。

憲法，是另一種契約，也是另一種法。

為什麼做為社會契約的憲法是一種性質特別的法呢？因為憲法是最先出現，為了保護人民的基本權利而約束統治者的成文法典，不像王法是君王或政府用來約束人民的法，憲法是用來約束君王或政府如何運用其統治權力的法。

再問個問題，政府不能違背《憲法》，但若政府違背了《憲法》，有什麼樣的制裁，足以辨識或證明《憲法》是法，而不只是某種道德規範或是口惠而已呢？我國的《憲法》，至少有幾處足以顯出憲法是法。

第一，憲法制裁政府違憲最有效的利器，就是政府做出了違憲的事，憲法就說不能接受這件事是政府做的，因此不具有法的正當性，也不能用來拘束人民。對於此點，《憲法》規定所使用的語言，簡潔有力：法律或命令違憲者，「無效」！這事寫在我國《憲法》的第一七一、一七二兩條之中。

第二，《憲法》規定了連民選的國會也不能否定或是侵犯的權利清單，乃是政府必須支付的帳單。《憲法》還規定政府人員不法侵犯人民的權利的時候，人民可以請求法院判命國家依法律為國家賠償，做為救濟。此與民法規定加害人應賠償侵權行為造成的損害，法理全然相通，而且保護更為周到。國家賠償，明文規定在我國《憲法》第二十四條。

第三，《憲法》規定的權利清單上，也包括人民有訴之於法院給予救濟的程序性權利。法院有提供人民救濟的審判責任，也該審查政府的做為或不做為是否違憲，對於是否侵犯了人民的權利，應否及如何給予人民救濟，進行審判。這事寫在我國《憲法》多項條文，包括如第八條（法院的提審制度）第十六條（人民有訴訟權）第一三二條（選舉訴訟由法院審判）等條之中，人民與法官都可隨時查閱並加援用。

民國成立後，傳統法律文化貧瘠的土壤上，因《民法》與《憲法》的先後制定，業已初步彌補了傳統法律文化之中，缺乏民法制度常態提供法律救濟，及因根本缺乏《憲法》的觀念與法意識，所形成的法真空狀態。然而，在傳統社會中的法，是如何運作？又形成了那些需要突破卻又牢不可拔的司法態度呢？

天使率獸食人

秦始皇統一天下，統一文字，也統一思想，任法坑儒，以刑治國。秦始皇之前則是百家爭鳴的時代，思想繽紛並呈；什麼是法，其實說者很多。未必盡與當代的思想絕不相同。比如戰國時代的慎到（後世亦稱慎子），就曾經這樣說，

「法，非自天下，非自地出，發乎人間，得乎人心而已矣！」

單看這樣一句話，指出社會人心就是法的正當性之所繫，似已可與民主共和的法思想接軌不是？

此語當然不足以概括慎子已知學說的全貌，但其觀點顯也不是當時的主流；主流思想，是周滅商時，為了建立統治正當性而提出的天命論，也是君權天授的意思。對於什麼是法的觀念，影響垂數千年，至今猶在。

現在為人熟知的歷史是，周武王伐商，牧野之戰一日而勝，商的末代君主帝辛（習稱紂王）當天自焚而死，政權移轉。武王所面臨的政治現實問題是：小邦周自大邑商處取得統領天下的地位，其政治正當性應建立在哪裡呢？

《尚書》中說帝辛自認有命在天，可知得天命者得天下是已有的論述；那商的天命怎麼就移轉到周呢？當然不能靠武力強大來證明天命的歸屬，否則豈不是隨時邀人較量武功，政權那能安穩？周人發明的論述，是天命無常，惟德是輔；因周文王重視民瘼的德行與帝辛之惡兩相對照顯然，上天垂青有德者得天下，才發生了天命移轉的結局。之後周公制禮作樂，也是循著有德者得天下，有德者足以保有天下，必須以德治國的道理而來。德，是天為民擇君的指標。

決心在禮崩樂壞的時代克己復禮的孔子，在《論語．為政》中的兩段話，道出了德治哲學不尚刑法威嚇的基本立場：

「為政以德，譬如北辰，居其所，而眾星共之。」

「道之以政，齊之以刑，民免而無恥；道之以德，齊之以禮，有恥且格。」

仁德是內在的講求，禮儀則是外在行為規範。然則在德治禮治主張者眼裡的君，是善人還是惡人呢？這大概就是儒家與憲法思想最大的分歧之處了。「政府不是天使」，意思是要認識古往今來、凡權力皆有惡的普遍性歷史經驗。然而，以德治國的理想，卻是將政府交給有德的善人治理。民國初年蔡元培、王寵惠等社會菁英曾經主張，並且現身說法，政府應由好人組閣執政，顯然是受傳統德治思想的影響，而非採取憲政思想論述，並不相信天使會降世扮演政府，治理人間。

問題是，理想不是現實，兩者應予區別。回顧周初的經典總是告誡後來的君主要牢記得到政權的原因，要勤政恤民，不要貪圖逸樂，不要酗酒，不要寵信佞臣，或已反映了權力有惡才是政治現實。唯其因為現實的君主難有不為惡者，儒家就以先王善治的故事做為典範，再以倫理道德來教導、感化、勸諫君王，始終用善君的理想迴避討論權力有惡的政治現實。

孔門的一支，由子思（孔子的孫子）與孟子構成的思孟學派，大概是儒家中最懂得君王有惡的子弟了。二十世紀末尾出土的《郭店楚簡》中，有一段少為人知的君臣對話：魯穆公問子思，忠臣怎麼定義，子思的回答是：「恆稱君之惡者」就是忠臣（語出《魯穆公問子思》）。原來在子思的眼中，君王恆有惡！孟子曾經當面指責梁惠王「庖有肥肉、廐有肥馬、野有餓莩」是「率獸食人」！這就能夠解釋孟子為什麼是思孟學派的傳人了。這四字形容的君王竟是何等惡劣！子思的話語在地下埋了三千年以致無人得聞，後來朱元璋讀了《孟子》之後一度將孟子逐出孔廟解恨，亦可思過半矣。子思與孟子，是傳統文化中，極少數真正敢言君王如何可惡的智者了。

《魯穆公問子思》竹簡中，魯穆公聽了子思說出君恆有惡的話語，很不高興，揮退了子思。並將他們的談話告訴了另一個臣子成孫弋。成孫弋當即回答穆公說：「子思說得真好，我只聽過臣子肯為君王賣命的，從沒聽過敢說『君王恆有惡』的人，為君王賣命的人是想得到君王的封賞，說君王有惡的人只會距離封賞越來越遠。為了盡到臣子的責任而遠離封賞，不是子思，我還真沒有聽過呢。」（「為義而遠爵祿，非子思，吾惡聞之矣！」）

然則周室畢竟是依賴以德得天下的論述起家，老年時夜夢周公的孔子，也是會像〈洪範〉一樣地使用民之父母形容君王的孔子，大概無論如何也不肯明白承認君恆有惡而不是天使，更不會輕易假設率獸食人是政治生活中，如不設計某種制度有效予以防制，就會經常出現的政治現實。

孔子必然深信自己一生情有獨鍾的政治理想會是必然出現的政治現實，孟子也說即使要五百年才會等到一位值得尊為民之父母的聖人政治家，也甘願等待。需要五世紀才能等來的聖君既是民之父母，會像父母一樣地主動待民如子，身為子民，又怎能假設每位可以比擬父母的君王恆有惡而不是天使呢？這是不是和有些選民深信所選擇的候選人像是有治理能力的天使，有些相同呢？支持者常不容易相信，所選擇的天使在上任之後會因為掌握權力而竟變成惡人，遂也不願承認他在任上做了壞事。

孔孟沒有處理的問題是，等待聖人來臨的五百年期間，要怎樣防制惡君為惡呢？如果終究等不到果陀或天使，或是等來的天使還是率獸食人，又怎麼辦？

指責梁惠王率獸食人的孟子，最後問道：應該是民之父母的君王，怎能率獸食人呢？孟子或許也相信君是天使的理想應會成為現實，才會如此設問。一旦他能區別理想並不等於現實，「當為」不等於「實在」，就該反過來提問，現實中竟然率獸食人的君王，怎能假設他可成為民之父母，像是天使一樣地治理人間呢？

孔子顯然鍾情於禮教人倫理想的德治禮治，在他身後又是如何與孔子向來不以為然的刑治思想，發生了什麼樣的關聯，以致形成後世的儒家社會，某種根深柢固的法思想呢？

約束天子的難

秦始皇滅六國，終結了周禮的統治，坑儒任刑，以吏為師，走向了刑治的極端；但王是造法者，「王言如絲，其出如綸」，王用來處罰人民的法，於王並不適用，自是人治、獨裁的體制無疑。有句話說：「王子犯法，與庶民同罪」，源出於《史記．商鞅傳》的故事，但在故事中，太子犯法，但因為是君嗣，受罰的還是太子的老師。所以這句話絕沒有「王犯法與庶民同罪」的意思，「子」字絕非多餘；因為王根本不會犯法，遑論有罪。這話彰顯的不是平等，而是絕對的不平等。

漢取代秦後，先是崇尚黃老，與民生息；但也未盡廢秦法，蕭何作《九章律》即是一例。仍為君王用刑罰以要求吏民遵行所立法度的格局，也還就是《管子》所說，

「有生法，有守法，有法於法。夫生法者君也，守法者臣也，法於法者民也。」

換句話說，王法只約束民，不約束王。怎麼約束君王呢？全然不在念中。想過什麼好辦法來約束惡君呢？

司馬談、司馬遷父子在漢武帝時完成《史記》，則是嘗試以寫史的方式約束君王。司馬遷曾身受腐刑，體會人君有惡，必然體會深刻。《史記》的最後一篇是〈太史公自序〉，他藉著父親與董仲舒的對話，謙稱是在學習孔子作《春秋》的用意；《春秋》足使「亂臣賊子懼」，未必有約束周天子的意思。但是自序卻說孔子的做法，是要，

「貶天子，退諸侯，討大夫，以達王事。」

「貶天子」三個字，堪說是發孔子所未發。司馬遷又以為，《春秋》做為一部史書，有可以相當於法的功能，因為：

「禮禁未然之前，法施於已然之後。法之所為用者易見，而禮之所為禁者難知。」

就是說，禮是行為前的禁令，法，則是行為後的制裁；法能夠發揮的功用容易看到，

禮禁止的究竟是什麼，不易明白。此與《大戴禮記》中的論點幾無二致，卻不也正是子產頒布刑書的道理？司馬遷想要用《史記》闡述的禮，其實包括約束天子的禮在內，似也呼之欲出。

然則《史記》是私家撰作，當時的漢武帝沒看到「貶天子」這三個大字。後來班固奉詔寫《漢書》，也是寫史，其中〈司馬遷傳〉大量引用《史記》自序的文字，明顯地獨漏「貶天子」三字，而將之改成「貶諸侯、討大夫」，豈是偶然？當天子在側等著先睹為快的時候，古人雖然有心寫史，恐也不足以成為拘束君王之法。

西周史上，原本似乎非無機會走上馭王之路的。孔子編《尚書》時，捨去了許多他認為不宜用作授課教材的古代紀錄。所刪去的材料，據信就是今天所看到的古籍《逸周書》；其中一篇〈芮良夫〉，記載著一位大臣芮良夫對於周厲王的告誡。

當時因有寵臣倡導厲王獨佔天下財利，以致民不聊生。芮良夫提出批評執政者不顧國有禍難，只知圖利而賣官鬻爵，而且禁止民間批評。芮良夫警告周王，君王身為民之父母，要為民除害，不能成為人民的災害；害民的人就不是君王，將成為人民的仇敵。因為，君王為善像個君王，才是君王；君王不肯為善，人民就不知道有君王。人民億兆而王僅一人；一人寡不敵眾，君王的處境不免危險。

這話十分直白，說出了擔任君王的條件，而且君王為惡所可能遇到的制裁。後來周厲王果然被人民群起趕走，在一個野豬很多的地方待了十四年之後去世。史書上對於周王朝這十四年間的政局，有不同的記載。司馬遷父子作《史記》，所寫的是：「召公、周公二相行政，號曰共和。」共和元年，恰正是《史記》歷史編年的起點，其重要性不言可喻。其他的歷史記載則與此有異，例如《古本竹書記年》、《清華簡．繫年》，乃至《左傳》等，都說是由共伯和這位諸侯行天子事。不同記載的共同結局都是厲王之子宣王繼位，結束了「共和」。十九世紀的日本學者卻借用了《史記》的「共和」來翻譯republic一詞，也就是今日「共和國」名稱的由來。此詞背後的涵義則是，共和就是天下處於無王而「共同治理公共事務」的狀態。這個狀態，在西周只有十四年就結束了；但司馬遷與眾不同的記載，是否蘊含了某種歷史的深意呢？很值得思索。

司馬遷作《史記》自稱師法孔子的《春秋》之筆而有以「貶天子」，《春秋》曾經貶天子嗎？有的，只是筆法含蓄之至。例如魯定公十四年的《春秋》經文中記載「天王使石尚來歸脤」，《穀梁傳》解釋，周天子所以向魯國饋送祭社之肉，是因為周大夫石尚提醒周王「已經不行禮儀於魯國很久了」的緣故。這就看得出對於周天子的春秋筆法了。

《春秋》的敘事止於魯哀公十四年，而是年魯國君臣「西狩獲麟」。《左傳》記載，狩獵捕獲麒麟，人皆不識，孔子看了才知是麒麟；《公羊傳》說，麒麟是仁獸，有王者則至，無王者則不至；對獲麟一事，孔子則是連問了兩次「它為什麼出現啊？」用衣袖的反面拭淚，涕下沾袍。後人都說孔子遇麒麟而感絕望，所以《春秋》停筆了。孔子為什麼絕望呢？問它何以出現，不是在說當時並無王者嗎？魯國君臣不識仁獸麒麟，對待麒麟不仁，孔子難道不是在悲歎魯國君臣仁不如獸嗎？只是孔子還是維持一貫的含蓄，以全尊君之義而已；孟子則直白使用「率獸食人」來形容君王不仁，不正可與「西狩獲麟」這件《春秋》大事，兩相呼應嗎？

《史記》裡，還有一段故事。轅固與黃生在漢景帝面前展開辯論，商湯與周武革命，究竟是受命於天還是弒君？黃生以為湯武是臣，誅殺桀紂就是弒君；轅固回問：漢高祖代秦而為天子，難道也是？景帝說話了，吃馬肉不吃有毒的馬肝，不謂不懂吃；作學問的人不談湯武革命，不謂愚笨。兩人乃停止辯論，以後的學者也不敢再議論受命於天與放君弒君的區別。漢景帝的意思就是，只要成為君王，就可不受法的拘束；轅黃二人想必頓時發現這對君王十分重要。

君王既然不許史筆記事如刀，又不聽諫諍，為太子時東宮禮教也全然失效的君王，除了革命，還有什麼辦法加以約束呢？數千年間，似乎束手無策。

漢武帝的叔叔淮南安王劉安，蔭襲父位，也有志大位，其實做過限制君主的嘗試。他召集賓客寫了一部《淮南子》，不滿一年而成書，約十餘二十萬言。立論綜合各家，自成一格，而不以儒墨法家之徒為然；其不言《呂氏春秋》而一脈相承，識者多已言之。武帝十六歲時，劉安首次謁見而自獻此書，推揚其政見理論。書中的〈主術訓〉一篇有段論述，千古少見；其大意是：

法，是全天下的是非標準，也是君王行為的準繩。將法公布於眾，是要繩治違法的行為。法樹立之後，合乎法要求的給獎賞，不受約束的應嚴厲制裁。尊貴的人也不能減輕懲罰，卑賤的人也不加重其刑。犯法的行為，即使是賢人也要受罰；合法的行為，雖然不是好人也必定無罪。這樣才合公道，而無循私。古來設置政府，是防止庶民不能恣意胡為；立人君之位，則是管理政府人員，杜絕專制。法典禮儀規矩，是用來禁止君王，不許其擅斷；人都不能任意胡為，道理就能勝過一切，而理性也能通達無礙了；最後就回到了無為。無為不是說君王靜止不動，而是不以個人的想法下達指示的意思。

語末以為法典禮儀具有限制君主的功能，若以之形容今天的英王，竟似若合符節。當時將道家無為的觀念如此運用，別具隻眼；看在皇家眼裡，當也別有滋味。

其實劉安的父親劉長，是劉邦的小兒子，當年就曾謀奪其兄漢文帝的帝位，事發之後絕食而死。劉安師法其父有所圖謀，《史記》原有論斷。劉安後因漢武帝下令捉拿而自盡，罪名是「陰結賓客，拊循百姓，為叛逆事」，《淮南子》一書是否其遠因？歷史成謎。其說不能見容於大權在握的武帝，不令人意外。但劉安馭王的目的原在奪位；若真能取武帝而代之，會不會建立並遵行自己提出的君王無為之法？自也是個沒有答案的問題。

南朝范曄寫的《後漢書．逸民傳》中，留下了漢陰老父一個短短的故事，似乎涵義深遠。說的是東漢桓帝南巡，到達漢水附近，百姓們紛紛往觀，只有一位漢陰老父耕作如常，沒有前去。官員張溫派人問其緣故，他笑而不答。張溫親自下車相詢，老先生說，草民不懂事，不知道設立天子，是為了天下大亂還是天下大治呢？是天子該像父親一樣地關愛百姓呢？還是百姓該像奴僕一樣地侍候天子呢？古早的賢君，住在茅屋裡而天下萬姓安寧。今日閣下的君主，勞役百姓而放縱遊樂，無所顧忌，我以為閣下應感羞慚才是，怎麼忍心希望大家去看他呢？張溫大感羞慚，問其姓名，逕自走去了。

此篇也是寫史者埋在史書裡，責君之惡的一筆；其力道相去《史記》頗遠，不亦顯然？

唐朝的張蘊古，貞觀二年寫了一篇《大寶箴》呈給唐太宗，有這麼幾句話：「故以聖人受命，拯溺亨屯，歸罪於己，推恩於民。大明無偏照，至公無私親。故以一人治天下，不以天下奉一人。」正是日後雍正時期養心殿所懸對聯的出處。唐太宗極為嘉許，任他為大理寺丞。為什麼唐太宗還有雍正皇帝都喜歡這兩句話呢？

這是因為，看起來像是約束而其實只是勸告的說語，「不以天下奉一人」，其實又一次強調了「故以一人治天下」、天子就是「予一人」，之後又有再次宣稱天子具有謙虛美德的裝飾語言。不但並未對「予一人」的制度有所懷疑，反而是在強化「予一人」的地位了。與《後漢書》裡的漢陰父老懂得責君之惡、質疑天子的正當性相比，這兩句話則不過是等而下之、儒生為君主制度張目的語言了。

《淮南子》的天子無為論未能成就限制君王的法，史家們的批評亦不足以撼動君權，儒家的禮與法家的法，又處於什麼位置呢？值得推敲。

禮之所去，刑之所取

先說個刑鼎的故事。

春秋時代，中國歷史上首次出現公布成文法，當時鄭國率先將刑法鑄在鼎上（公元前五三六年），向人民公開。晉國的叔向修書對鄭國執政子產提出批評，擔心從此庶民將棄禮而只讀刑書，恐怕以下犯上的爭議從此不斷。子產回覆大意是謝謝指教；但因有禮無法，則常產生斷獄不公的爭議之故，所以不能不公布刑書。

二十三年之後，晉國也鑄刑鼎公布刑書了。這次提出批判的則是魯國的孔子，以為晉國應該遵從祖先成法，依照禮制規定的貴賤次序治國，人民知道誰最尊貴，就知道服從誰；頒布刑鼎，人民將只知刑書而不知服從尊貴，社會失序就會失國，晉國只怕危險了。此中的辯論，對於了解什麼是法相當重要。

反對者以為，有禮無法，人民不知違禮的後果，就不敢違禮；必須服從權貴，採取人治，就是先王的法；一旦有了成文法，法取代了尊貴的執政者，人民動輒爭論什麼是法，必然以下犯上，公布刑法的刑治，必會破壞先王的禮教秩序。寧取德治禮治的主觀模糊，也不以法治具有公平客觀的優點為然。

清代父母告官控訴兒女不孝，依大清律例不能問，而必須認為所控屬實，否則就是懷疑父母，有違子女不能違背父母之命的孝道禮教。瞿同祖先生一語道破，關係決定是非，父親所以對，是因為他父親的身分。此中的理由，與反對刑鼎者的主張，其實相同。

鄭國與晉國先後公布刑書顯然已為當時的趨勢，公布的意義在於罪名法定，已經開始理解法的正當程序：先有法才能罰；正是德治與法治的根本差別，因為道德是抽象而內容並不確定的規範，什麼是違反道德而應受罰的行為，要以執法者說的算；受罰者由於不能預見，必然覺得有欠公平。政府自稱是民之父母，暗示政府說的一定對；然而這正是引發不服與爭執的所在。爭執往往不在道德規範對不對，而在官府認定違法的決定錯誤。公布比抽象的道德（如忠、孝、仁、義）更具體的行為規範，可以減少爭執，也表示是非另有標準，以及爭執雙方可以平等地議論是非，而不能只從貴賤的身分順序來決定是非。

孔子也曾經說過：「刑不上大夫，禮不下庶人。」孔子自己的解釋是，大夫當然知禮而不該違禮，違禮時，必自知羞愧，遇有大罪時，明斥其非就足以使他羞愧到自裁，所以不需動刑；庶人則因並無財力備禮，不可期待其知禮守禮，只能以刑治之。然而歷史上因受違禮批評就羞愧自裁的大臣究竟有幾位呢？

前面說到《論語．為政》中比較德治禮治與政治刑治的那段話，清楚地表達了孔夫子更心儀於德治禮治的意思；那麼《禮記》中的這段話似乎有些一國兩制的味道，禮治與刑治是因材施教，禮治適用於有恥且格的君子；法治適用於民免而無恥的小人。這裡顯示的社會現象是，刑罰的對象主要是平民，貴族基本上豁免適用。

儒家五經之一的《尚書．甫刑》一篇記載，周公制禮作樂之後，到了周穆王時代，派呂侯造作了刑罰的制度，其刑種數量龐大，計有三千多條罪名，也有至少五種十分嚴峻駭人的處罰方法。那個時代、這樣的數量不難想見，只有王室君臣之間的了解，沒有公布，也缺乏公布的媒介，庶民其實不會知道刑罰的詳細內容；受不受懲罰，受什麼懲罰，也不過只是君王及貴族說了算而已。

鄭國受到叔向與晉國受到孔子批評所鑄的刑典，因無文獻留存，今日都已不知其內容為何。《晉書．刑法志》記載，魏文侯時代之李悝曾著《法經》；《唐律疏議》亦云，「周衰刑重，戰國異制，魏文侯師於里（李）悝，集諸國刑典，造《法經》六篇：一、盜法；二、賊法；三、囚法；四、捕法；五、雜法；六、具法。商鞅傳授，改法為律。漢相蕭何，更加悝所造戶、興、廄三篇，謂九章之律」。然則因為只知篇章，不知具體內容，《法經》究係法典抑或私家著作，研究者至今猶有不同的看法；甚至是否純屬後日訛傳，也因未曾見到漢代典籍徵引而有爭論。

所無疑者，無論是刑鼎、李悝的《法經》，乃至商鞅的《秦律》（至今可從考古發現的如睡虎地秦簡中證之）或是漢代蕭何的《九章律》，若與同處於公元前同一時代出現的羅馬《十二銅表法》相為對照，可以看出，羅馬的法典走的是制定民事法典的路徑，以做為規範與處理民事生活關係與爭端的依據；中國的傳統法制則是走上刑事法律發達而不重視民間財產關係的立法方向。這或是因為與帝制中的君主，在國與家之間從未嚴格區分，常視國家之轄屬如私產，可以予取予奪，只知課人民以服從的義務，也全然缺乏人民對於自己的財產享有「權利」可資主張的觀念。

既然曾經使用含有〈甫刑〉一篇的《尚書》做為授課的教材，孔子不贊成刑治，應是指治國不能只靠刑罰，但顯也沒有棄絕刑罰不用的意思。孔子終則不能完全否定公布刑法的功能，所堅持的其實是禮制具有根本的重要性，絕不能為法所完全取代。

漢武帝在推崇黃老無為思想的政治氛圍中，採取了一個影響極大而扭轉風氣的改變，以儒家提倡的禮教，做為治國的助力。〈太史公自序〉中提到的董仲舒，就是建議漢武帝罷黜百家，表章六藝，尊崇儒術的大儒。

董仲舒同時還提倡，判案的官員可以依照儒家的經典《春秋》之義決獄。於是漢代的「春秋決獄」，形成了儒法交融、禮法合一的局面，不論將之形容為外儒內法、明儒暗法或是儒表法裡，都已使得此後兩千年間，直到清末民初，儒家思想躍出政治檯面，而在中土世界成為顯學，影響深遠；北宋蘇東坡則有兩句詩：「讀書萬卷不讀律，致君堯舜知無術」，不論是褒是貶，尚刑的法家思想與技能，見用於政治的實景，也已可見一斑。

《後漢書》中曾經記載，陳寵如何描述儒家的禮與法家的法（也就是刑）的關係，其語準確而中肯；他在上書漢和帝時說：

「臣聞禮經三百，威儀三千，故《甫刑》大辟二百，五刑之屬三千。禮之所去，刑之所取，失禮則入刑，相為表裡者也。」

「禮之所去，刑之所取。」

出禮則入刑；遂可知刑罰制裁就是實現禮教秩序的強制手段，不但可從《漢書・刑法志》的內容得到驗證，也是唐律以降各代刑章的立法基調，直至清末變法，皆是如此。準乎此，禮就是法的核心，法就是刑。法是傳統社會的統治者，運用刑罰建立符合統治需要之禮教秩序的重要憑仗。

統以言之，禮之所去、法之所取的就是「不直」，那麼再加上刑之所去一句，就可更明白其意了。禮之所去，就是刑之所去的對象。

禮治與刑治，是統治方法的一體兩面，構成了傳統文化中，若不認真進行省思，就必然是在社會生活裡長期埋藏、運作而且牢不可拔的刑罰文化。

禮是貴族之間的行事規矩，刑是用來懲治平民與奴隸的手段。為了維持貴族的權威，禮與刑運用的實際狀況為何？接下來試用殺人的例子來進行觀察。

殺人者該不該死

應是由於《史記》膾炙人口的緣故，「殺人者死」，自從劉邦約法三章時列為首章以來，華人社會幾乎盡人皆知而奉為圭臬。但這四個字並不是劉邦的發明，其源頭在《呂氏春秋》中另一樁秦人故事。

墨家領袖腹䵍住在秦國，兒子殺了人。秦惠王對他說：「先生您年紀大了，沒有別的兒子。我已經下令，不許官吏殺他。請先生這次務必聽我的話。」腹䵍回答說：「依墨家的法，殺人者死，傷人者刑，目的是要禁止殺人傷人，這是天下的大道理。王雖賜我不許官吏殺他，但腹䵍不能不執行墨家的法。」竟然不同意秦王的決定，而殺了自己的兒子。這倒令人想起《西遊記》上說的：「君教臣死，臣不死不忠；父教子亡，子不亡不孝。」然則殺人者死，是儒家禮教中的哪一條呢？

《呂氏春秋》稱讚腹䵍去私，大義滅親。然則殺人者死是法，為何秦王可以決定殺人者不死？不但腹䵍的兒子殺人可以不死，腹䵍殺人（殺兒子不也是殺人？）也可以不死。墨者之法，澈底奉行殺人者死，似乎比秦法還嚴，但是秦王可以決定殺人者不死，腹䵍可以殺兒子也不必殺死自己，為什麼？

最直白的道理，是秦王是王，秦法怎麼個用法，掌權的秦王不受拘束；腹䵍則是墨家的掌權者，墨家的法是殺人者死，執法者殺殺人者也是殺人，卻不必死，同樣也是掌權者不受拘束。說來說去，仍是人比法大；執法者不受法的拘束，還是人治，而不是法治。

依腹䵍的解釋，殺人者死是要防止殺傷人；「不能殺人傷人」，才是天下大義；那麼殺人者死就不能是天下大義；因為殺人者死這條規則也是殺人，一樣是違反了不能殺傷人的天下大義，可見真的天下大義不是不能殺人，而是只有掌權者可以殺人。看起來腹䵍是崇法（墨者之法），其實殺人者死這一條法則的背後，是「執法者可以殺人」，明明已與「殺人者死」的誡命牴觸。

簡單地說，不能殺傷人，就是不能殺傷人，得不出殺人者死這個相反的命題。殺人者死這一條規則的背後，是掌權者說了才算。或許，這才是華人世界真正的法！

劉邦滅秦的時候，儒家的禮教已遭秦始皇否定。殺人者死，也從來不曾是儒家經典中的詞令。為什麼「殺人者死」如此理所當然地流傳千古呢？其實也不難理解，殺人者死，原是從「以眼還眼、以牙還牙、以死還死」的復仇邏輯而來的。

復仇，是憤怒的情緒所支持的力量；聽起來完全合乎正義，彷彿是說「將從我拿走的還給我」，理由太正當了。但是，「將從我拿走的還給我」，說的道理是索賠；復仇聽起來像是索賠，其實不是，因為賠不了。拔了人牙、挖了人眼、取了人命，換不回失去的牙，換不回失去的眼，也換不回失去的命；痛快之餘，其實什麼都沒得到。這是精神勝利法，魯迅稱為阿Q精神。

賠償，是真正的正義，因為填補了能夠填補的損害；復仇，不是真正的正義，因為填補不了無法填補的傷害。

腹䵍為什麼非殺兒子不可？恐已不能確考，但也有合理解釋的空間。他是凶手的父親，卻又是墨者之法的執法者；過去當曾執行過殺人者死的規則，處死過殺人者。殺死兒子，其實賠不了死；可是此際講述這樣的道理，未免為時已晚。如果腹䵍不殺兒子，必不能服眾，而難維持領袖的權威。只有堅持依例殺兒，才能維持墨法的秩序，因而保存自己的領袖地位。一旦領袖地位不保，兒子恐也難活命，兩害相權，執法殺兒，既得個去私的聲名，也能繼續擔任墨者領袖。果然，則腹䵍去私殺兒，難道絕無任何私心？

殺人者死，是墨家之法，也是秦法，合乎儒家的禮嗎？支持殺人者死的是復仇的正義觀。復仇，又是出於什麼禮的要求呢？唐朝有個案例，討論了這個問題。

復仇者該不該罰

唐代有唐律，在歷代之中，常被引為刑制大備的代表。唐律怎麼看待殺人或復仇呢？其中鬪訟律的規定是，「以刃及故殺人者，斬。」

武則天當政時，發生了一件殺官案。徐元慶因父親被縣吏趙師韞所殺，改變姓名充作僕役，找到機會親手殺了趙，之後綁了自己入官府認罪。武則天思考是否赦免他，交給大臣議論。陳子昂建議應依國法殺之，但可在其家鄉里巷墓道之間表揚他的孝義，而且編在令書之中，做為刑典的一部分。其建議得到採納。

相隔近百年，柳宗元對於此種處置不以為然，寫了翻案文章，後世傳誦，收入了唐史，就是後來清人編《古文觀止》一書所收錄的〈駁復讎議〉。

柳宗元以為，既誅殺又表揚，則瀆刑與壞禮，必有其一；不應懸為國典，使人民不知何所遵循。他說，如果徐父無罪見誅，縣吏只是恃權殺之，而刑官不問，則徐元慶報仇的行為既合於禮也合於義，官府應該慚愧，怎麼可加誅殺？若是徐父有罪，縣令殺之合法，殺他的是法，不是官吏；報仇就是仇天子之法，依法當誅，不值得褒揚。

柳宗元引據《周禮．地官》說：有司掌握天下萬民之仇；殺人若合於義，應下令不許對他報仇，報仇的就要受誅；如果反殺，就是邦國的仇敵。又引《公羊傳》說：「父親不該殺，兒子可以復仇；父親有罪該殺，兒子還可以復仇，那就是鼓勵殺來殺去。復仇不等於除害，不可涉及他人。」徐元慶信奉孝道，願意死於義而不後悔，合乎禮教，應非仇法的人。不該將陳子昂之議附於法典看成範例。

史書上留下了柳宗元以禮議刑的高論，顯然以為有理。柳宗元的邏輯是，刑法是防亂的，不能幫助殺人行凶的人，官吏殺人也該一樣殺無赦；《禮記》所說，不共戴天的父母之仇，指的就是有冤屈而無處可以哀告的情形。此案不問縣官殺人是否合法而誅殺合乎禮教報仇的人，不足為法。

唐朝出現的報仇案例頗多，不止於此。報父仇殺人的事件都曾得到唐太宗及高宗的寬貸。徐元慶案引起討論，千古關注，仍然沒有離開《春秋》折獄與出禮入刑的格局。

陳子昂與柳宗元談的其實是天子有無赦免或減輕用刑的理由，《周禮》稱之為八辟之議，議親、議故、議賢、議能、議功、議貴、議勤、議賓，也寫入了唐律之中。徐元慶一介平民，唯一可能適用的理由是議賢，就是有德行的人；所以要依禮論其德行合乎

「孝義」。

論者指出，陳子昂的建議背後有個重大的顧慮，如果依孝報仇而可無罪，那可以為報父仇而弒君嗎？忠與孝衝突時怎麼辦？春秋時代伍子胥入仕吳國滅楚以報父仇，就是有名的事例，依禮應如何評價？《公羊傳》上就曾討論此事。而武則天當時正值徐敬業興師討武，駱賓王寫檄文指責武則天的罪名，就是「弒君鴆母」，直接觸及報仇之舉衝擊君權的問題。有此背景，或可了解即使說理矛盾，徐元慶也可旌不可赦。

韓愈在遇到一個為父復仇的案件時，則寫了一篇〈復仇狀〉上奏。他以為子復父仇，事例極多，經史不以為罪者，原該寫入法律而法律不寫，是因為必有兩難，寫了傷孝，允許復仇則不免鼓勵殺人。然因經文不一而報仇情狀極多，解決之道，是將復父仇者，交給主管官員，依法而斷，依經而議，再奏報天子酌量處理。

柳宗元以為陳子昂之議不可成法入典，其實也是避免將其建議成為固定的國法，與韓愈的看法殊途同歸，最後都還是交給天子決定。

其實在唐朝，天子決定赦免而不用刑，也不當然需要八議做為理由。貞觀六年，唐太宗親錄死囚近三百人，放他們回家，約定明年秋末自動回來就刑。結果全部依約而返，也都得到了赦免。天寶六年，唐玄宗祭天禮畢，大赦天下，決定不實施絞斬之刑；但未修改唐律。這些實例顯示，唐律規定的刑罰，天子不受拘束必須行之。也就是說，刑罰不但只用於臣民，而不加於終極的統治者天子；連是否實施刑罰，也由天子決定，天子不因法之存在而必受用法的拘束。這就是人治而非法治的特徵。

唐朝的故事不說，復仇合不合正義呢？以膾炙人口的《三國演義》為例，討論復仇的故事不多，卻有兩樁故事可以引為對照與旁證。一個是陶謙將徐州讓給劉備，此事的原因是曹操伐徐州；曹操伐徐州，則是為報父仇的緣故。既是報父仇，該算是合乎禮了吧？然則歷史上曹軍伐徐州時，殺人盈野，泗水斷流，《水經注》記載：「初平四年，曹操攻徐州，破之，拔取慮、睢陵、夏丘等縣，以其父避難被害于此，屠其男女十萬，泗水為之不流，自是數縣人無行跡，亦為暴矣。」成為證明曹操不仁的重大歷史事件。曹操挾天子以令諸侯，口銜天憲以報父仇，歷史評價多以之為不義。

另一個故事是劉備伐東吳，以報義弟關羽之仇；這是《三國演義》的重要情節，原來作者羅貫中在書中開篇處安排桃園三結義的時候，就已埋下了伏筆。正史《三國志》記載，劉備與關羽「恩若兄弟」，但未見結拜之舉。孫權殺了關羽，奪了荊州之後，劉備沒有立刻起兵。不久曹丕篡漢，並未殺漢獻帝。劉備則據訛傳而於成都發喪、稱帝，接著就決定討伐東吳。《三國演義》中有了「不能同年同月同日生，但願同年同月同日死」

的結義誓言，起兵報仇就成全了桃園兄弟的義氣。只是劉備不報君仇卻為報義弟之仇而舉兵，仍難掩飾劉備的真意是報荊州的失地之仇；劉備此役終則落個兵敗夷陵而死於白帝城的悲劇下場。報仇之舉，不了而了之。這是劉備以天子之尊報仇，而由《三國演義》的作者羅貫中細心編織了一個義的形象。

義，是道德標準；似乎是客觀的標準，其實凡是道德，都不能免於主觀，因事因人而異其判斷，「汝安則為之」。在沒有經過民主程序寫成明確而客觀的法律之前，委之於法官，也同樣不具有「可司法性」（缺乏司法據之以裁判的客觀標準），就只能聽之於天子或最高的掌權者；掌權者說了算，怎麼說都行，怎麼做都可以。報仇，即使是合乎禮，就是正義嗎？法律應該容許報仇嗎？法律可以為人報仇嗎？什麼時候算是合禮而合理的報仇？什麼算是適當的報仇方法？是由當事人自己說了算？或是由非當事人的掌權者說了算？因為必然缺乏客觀的標準，骨子裡就也必是聽起來似乎正義，但只能交由人治而難以成就法治正義的事由。

復仇，也許是人類常見的自然反應，但是必受憤怒情緒的支配，而不會是理性的產物。難以成為法律上的正義與權利，其故在此。

殺人死不死，復仇可不可，都由天子決定。歐陽修的名篇〈縱囚論〉批評唐太宗「立異以為高，逆情以干譽」。意思是縱囚使得刑罰成為唐太宗沽名釣譽的手段，這當然不是刑法存在的原始功能。那刑罰的始意與正當功能，是什麼呢？

秩序異於救濟

前面談過考古出土第一個西周青銅散氏盤上的契約，現在再看看世人譽為考古出土第一個西周青銅器訴訟紀錄，也就是稱為㑇匜（讀作振移）使用金文述說的故事。

金文古奧，釋讀不易，歧見也多。目前學者所解讀的大意是：

一位貴族牧牛向有司出告他的長官㑇奪取他的五個奴隸，得到的判詞是，你居下位的竟敢誣告上官，也違反了前次的誓言。現在你重新罰誓遵從，你應該去向上官謝罪，將五個奴隸還給他。現在從輕懲罰，將前判的黥刑處罰降等，施以鞭刑，但你須另行如數繳出銅為贖金。判決後，勝方㑇用繳出的贖金銅鑄造了匜為禮器，鐫刻此事以為證明。

從以上的解讀，可以觀察到幾件事。第一點，這項訴訟的上訴判決，並不像今天一樣明白區別民事賠償與刑事懲罰的性質不同，同時做了處罰與賠償的決定。

第二點是，兩造爭訟的是奴隸的歸屬。在那個身分極不平等的時代，奴隸不被當作平等的人看待，而是屬於主人的財產，也可以是交易的客體。

第三點，敗訴方賠不是、還交奴隸、繳出銅為贖罪金，都向勝訴方為之，都屬於賠償，這是民事爭端中勝訴方受害所得的救濟；性質上與繳給統治者罰金有所不同。當然，銅的贖金是否過高，超過了勝訴方受害程度而顯得救濟過度？是否公平？則是計算賠償時應該考慮的問題。

第四點，敗訴方除了賠償之外，還要黥墨與鞭箠加身，這是以恥辱與痛楚施加懲罰。施以懲罰的緣故，則是禮教秩序受到侵犯。背後顯然有不許以下犯上以維持禮教秩序的考量在內。勝訴方可以得到超出實際損害的過度賠償，顯然與他尊貴的身分有關，這個道理應該也是禮教秩序區分身分高低的環節之一。

根據各種古籍記載，刑在中土出現甚早。如《尚書．堯典》提到當時「象以典刑」，《左傳》提到晉國叔向回覆鄭國子產鑄刑鼎的信上說：「夏有亂政而作禹刑」，「商有亂政而作湯刑」，「周有亂政而作九刑」；《左傳》也記載魯國太史克曾提醒魯君，周公制周禮，也作誓命，以為毀禮的是賊，是壞的榜樣，不要忘了還有九刑。《尚書．康誥》則提到周文王「作罰，刑茲無赦」，《逸周書．嘗麥》更曾記載，「周王命大正正刑書」、「眾臣咸興，受大正書，乃降，太史策刑書九篇，以升，授大正」等等。今日雖說看不到那些刑書的內容，但是這些文獻都足以反映，刑罰制度在上古傳說中確實存在。

依目前的考古證據，商代有甲骨文字，商之前不論是否為夏代，有無文字，均尚難確知。即使有文字，恐怕亦是菁英貴族階級才會使用，並非平民或是奴隸階級所得認識或學習的事物；統治者是否讓他們事前知道刑的內容，恐怕都是問題。

因此，作刑，與作刑書，不必為一事；有刑書，與是否向人民公布刑書，亦不必為一事。此從叔向與孔子反對鑄刑典以公布刑書，所顧慮的，都在從此人民不需貴族告知就可了解什麼行為會受刑罰制裁；一旦少了因不知而產生的嚇阻作用，人民就不再禮尊貴族。或可明瞭，春秋之前，統治者作刑、用刑，甚至在貴族之間，都了解刑的內容與用法，事屬尋常；但若無向庶民公布刑書全部內容的做法，亦不令人意外。

不過，叔向說出了一件重要的事，統治者作刑，常是亂局的應對之法。《周禮》中規定：「大司寇之職：掌建邦之三典，以佐王刑邦國、詰四方：一曰刑新國用輕典，二曰刑平國用中典，三曰刑亂國用重典。」這段話就是「治亂世用重典」的出處。詰者，昭告也，還有告誡的意思，也顯示出作刑的重要作用。然則今天讀到的《周禮》，首見於漢武帝時期，不似史稱周公制禮作樂的原作，更像是後代，可能是西周，可能是戰國時期，甚至可能是漢人改作的結果。

如果從其與「型」字相通的角度理解，「刑」的意義，應不限於處罰，還有建立矩範進行管理的意思；重要之處，在於藉之建立政治社會秩序。

古籍中看到的九刑，內容為何，似乎並不清楚；另外一個常見到的說法，則是五刑。五刑的內容比較具體，但是古籍上也有不同的說法。

第一種說法是，《國語．魯語》按刑具區分五刑：「大刑用甲兵，其次用斧鉞；中刑用刀鋸，其次用鑽笮；薄刑用鞭扑，以威民也。故大者陳之原野，小者致之市朝，五刑三次，是無隱也。」此中特別提到刑的威嚇作用，都採取公開執行的辦法。殺人盈野，用兵就是用大刑，這是極為原初的用刑觀念。

第二種說法，指的是五種行刑的辦法，各代說法還有不同。較早的《尚書》，五刑指的是「墨、劓、剕、宮、大辟」；《漢書．刑法志》上說：「『當三族者，皆先黥、劓、斬左右止、笞殺之，梟其首，菹其骨肉於市。其誹謗詈詛者，又先斷舌。』故謂之具五刑」；《舊唐書．刑法志》指的則是：「有笞、杖、徒、流、死為五刑。」不論哪五種，無有不痛楚者，應報與威嚇作用兼具，都以維護社會秩序為終極目的。僟匜提到的鞭是杖，黥是墨，都在其列。這些尚不包括歷史上聞名而嚇人的其他酷刑，如鼎烹、車裂或凌遲在內。

第三種說法，《周禮》上說：「以五刑糾萬民：一曰野刑，上功糾力；二曰軍刑，上命糾守；三曰鄉刑，上德糾孝；四曰官刑，上能糾職；五曰國刑，上愿糾恭。」最嚴重的，也是殺。此說包括了今天的刑法、軍法與行政管制法在內，懲罰是手段，維持安全與禮教秩序，仍是主要的功能。

第四種說法，是孔子也曾細數：「大罪有五，而殺人為下。逆天地者罪及五世，誣文武者罪及四世，逆人倫者罪及三世，謀鬼神者罪及二世，手殺人者罪止其身。故曰：大罪有五，而殺人為下矣。」孔子完全說出了刑罰與禮教秩序的緊密關係：以殺人為例，孔子解釋，「鬬變者、生於相陵；相陵者，生於長幼無序而遺敬讓。鄉飲酒之禮者，所以明長幼之序而崇敬讓也。長幼必序，民懷敬讓。故雖有變鬬之獄，而無陷刑之民。」也就是以為殺人者必是因為不懂得遵守長幼有序，相敬相讓的倫理秩序，以致以暴力侵犯他人所形成的現象，於是完成了用倫理秩序解釋何以殺人應該論罪的論述。

禮，在五倫關係中，不論是父子、君臣、夫婦、兄弟長幼或是朋友之禮，都是根據身分而建立的人倫秩序。出禮則入刑，就是統治者用刑罰的威嚇力量來維持禮教秩序，加施刑罰與建立民法制度來填補違反行為所形成受害者私人的財產上損失，功能截然不同，即使是在西周時代並未區別兩者的㑽�訴訟案件中，仍是可以了解其中的差異。

中土歷史中，司法形象最為突出的例子，首推稱為青天的包拯，他所代表的，不就是用刑罰對弱勢者提供公平的救濟嗎？禮教秩序與弱勢救濟，不就是同一件事嗎？這還是需要有個說法的。

「包青天」稱呼背後的司法理想

如果要問，歷史上最著名的法官是誰，華人社會的答案很可能是，包公、包青天，也就是北宋時代的歷史人物，包拯。

包拯先生只是一位法官嗎？如何描述他所代表的法官形象呢？人們心中關於包拯的印象，多半來自小說與戲劇的描繪；小說與戲劇的情節，則又有相當的成分來自歷史的記載，經過加工、變化創造而來。

其實，《宋史．包拯傳》的記載中，判案如神的真實事跡，只有一件。事情發生在他早年為官，擔任天長縣縣長時，有牛主人來告，其牛遭人割去牛舌，包縣長教他，回家把牛殺了賣掉；他照做了。不久之後，就有人來告人私宰牛隻。包拯問來人，為什麼割了人家的牛舌而又告人家呢？盜賊大驚，拜服於他的判斷。這事立刻成就了一位智慧而又判斷正確的法官形象。包縣長，就開始轉身，走上法官楷模之路。

之後他歷任各職，包括御史、判官、使節、轉運使，曾供職工部、戶部、刑部，也曾任地方官。包拯立朝剛毅，不畏權貴而向有直聲，獲得「笑比黃河清」的美譽。他曾在家中交代，「後世子孫仕宦，有犯贓者，不得放歸本家，死不得葬大塋中。不從吾志，非吾子若孫也。」他傳世的一首五言律詩，文藝氣息不濃，卻可充分顯現他的持身理念：「清心為治本，直道是身謀。秀幹終成棟，精鋼不作鉤。倉充鼠雀喜，草盡狐兔愁。史冊有遺訓，毋貽來者羞。」

包拯最著名的職務是開封府尹，也就是首都市市長；過去訴訟不得徑造庭下，包拯開正門，申告者可以直接面陳曲直，屬吏們都不敢欺瞞他。任內人稱「關節不到，有閻羅包老」，或許就是戲劇臉譜中他額頭上有彎新月的來由；當也是民間傳說他能「日審陽，夜斷陰」的張本。

皇帝時代，包括宋代在內，所有的官員都是皇帝的臣子，為皇帝效命，對皇帝負責，用今天的話說，都是由行政官兼理審判，法官也是行政官，審判訴訟只是行政官的眾多職務之一。

在人們心目中，包拯塑造出的理想法官形象又是什麼呢？

一、要清廉

〈包拯傳〉裡清廉的事蹟很多，「笑比黃河清」的形容，也足以證明其人其事。表現在戲劇中的民間傳說，是包拯鍘了他貪贓的姪兒包勉，與正史不合，但虛構的故事十足表達了他嫉貪如仇。清廉，是民間認為法官必須具備的條件，卻又是經常受到懷疑與詬病的所在。

二、要公正

公正而不偏袒，是法官必要的條件。清廉顯示無私，公正也是，傳記中包拯打開官衙大門接受申告而一視同仁的執法態度，就是他執法公正的表徵。而「關節不到」包老，是說關說對他無效，十分公正的意思。清廉，所以公正。

三、要獨立

封建時代的法官，可以期待他清廉公正；司法獨立，則是極其難得的要求。獨立是現代的用語，傳統語言則是不畏權勢。權勢干預，威脅利誘，可能恰是不能公正清廉的原因。包拯就是勤於鋤強扶弱、主持正義的好官，正史中足以佐證的事跡不少。但民間創造正史所無的傳奇，卻遠較生動。一個是王子犯法與民同罪，包拯鍘了遺棄髮妻秦香蓮的負心駙馬陳世美，連太后公主也擋不了。

另一個是貍貓換太子的故事，包拯救回了遭人陷害而流落民間的皇帝生母，並且奉懿旨代為杖責皇帝的龍袍，以示懲罰不孝；連天子也必須接受母親加施的象徵性制裁，多少顯現了對於最高統治者天子有了過錯也該受罰的隱約期待。獨立於王權之外，憑藉堅持公平正義即足以拘束王權的司法，似已附身包拯而呼之欲出。

四、要認定事實正確

理想的司法，判決當然要恆為正確才行，首要的就是認定事實正確。宋史記載的割牛舌案中，用「盜驚服」三字表示了包拯其驗如神的智慧，因為事實認定正確，就說「破案了」。但是怎能知道他的每個判決都正確呢？或許正是正史記載包拯的判案只有一件的緣故。

民間的說法則另是闢蹊徑。用額頭的新月胎記顯示包拯具有神通通靈，既可與閻羅比肩，自然每案就都能事實認定無誤而足昭信服了。正因為他能法眼燭照，不是假設有罪而是確知有罪，所以當堂用刑取供，再開鍘斬立決，正是懲奸除惡以大快人心的霹靂手段。也就成就了實際上最難確知也無從驗證，司法判決中事實認定恆必正確的世俗夢想。

比較公允的描述，應該是包拯與包青天並不是同一個人。包青天是文學刻畫出來的想像投影，一個全知的審判者。包拯則是一位歷史人物，並不是一位全知的審判者。

史筆與戲曲小說聯合打造合乎司法終極理想的包青天，不會因為道德理想的完美，實際上就能出現交付公平正義的司法日常。人間也從來不會有像上帝一樣的全知審判者存在，但這正是包青天所彌補的遺憾，同時也遮蓋了的社會現象。理想的司法是每個判決都保證認定案發事實無誤，但事實上不可期待，只能盡力而為。在事後去發現當初的事實為何，需要事後的判斷；只有像上帝一樣的全知審判者才能絕對正確，但是法官並不是上帝。理想的司法，判斷案發事實分毫不差，世間難能，因為，認定事實是否絕對正確，沒人真的知道；但依常識也可了解，事後的發現與推斷，難期絕對正確，沒有任何差誤。

理想的司法，清廉可能，公正可能，獨立不畏權勢也可能；認定事實絕對正確，難能。

包拯找到了牛舌盜而盜賊認罪，證明了包拯的判斷正確，但是這樣的審判方式，是福爾摩斯式的，只能是個特例，法官做福爾摩斯，就是審判與偵查的工作一肩挑了，但審判與偵查還必須分工，但歷史上也找不到第二個包拯。

史書記載割牛舌案，凸顯了包拯的智慧，卻沒有交代他後面的處置為何。最可能的情景是盜賊受到了處罰，這是維持不可竊盜的社會秩序；但牛主人關心的應該是他因牛被割舌而受的損失，也就是賠償問題。然則該賠多少，受害的牛主人有無確實得到賠償，我們不得而知。包縣長如果告訴牛主人說，他已經受到處罰了，這就是你該得到的公平正義，你應該額首稱慶；至於賠不賠牛或你的損失，無關公平正義，這樣的道理，能說得過去嗎？

只找到可受懲罰的盜賊，而不計較可以讓受害者得到損害賠償，就是刑事法官的角色，刑事法官只是統治者加施刑罰的權威，不是評估受害者受害程度與範圍，衡量如何填補其損害以修復受損害之前的狀態，完成賠償行為的正義提供者。

談包青天的司法觀，還值得觀察一個故事，一個純屬編造，透過包拯打龍袍來制裁皇帝不孝行為的戲劇故事。

嚴格地講，割牛舌案處理的是盜賊問題，然而奪人之牛，並不在禮教秩序裡五倫關係的範圍，雖然仍是統治者必須處理的社會秩序問題。打龍袍的事就不一樣了。包青天打龍袍，制裁的是天子不孝的過錯；不知者不罪，但是天子做為社會人倫秩序的表率，必須使用高標準對待，至少需要某種象徵性的制裁。重要的是包青天扮演的，還是出禮入刑的審判者。這次是刑上天子了，背後的正當性支撐，是孝道，是足以約束統治者的道德規範，這是中土世界古代的憲法了！刑不上大夫，而包青天刑上天子，不會是人間的現實，惟賴小說戲劇的創作加以完成，帶給人們某種阿Q式的精神滿足，也表現了隱在故事背後，統治者的權力也需要約束的質樸願望。這個願望，只能靠想像中，獨立的司法理想包青天來完成。司法用禮教秩序約束了強勢的天子，還給弱勢的母親一個公道，於是，得到了人們的讚歎！

值得讀者想一想的問題，換成今天，包拯是一位法官呢？還是其實是一位檢察官？

包青天是司法的理想形象，現實的司法工作者有沒有值得稱道的特點呢？同樣是北宋的歐陽觀法官的故事，也提供了得到人們廣為讚頌的理由，雖然人們甚至不大記得他的姓名。這事值得說一說。

歐陽觀的慎與悔

歐陽觀是誰？他是大名鼎鼎北宋文豪歐陽修的父親；終生擔任法官。他也是歐陽修名篇〈瀧岡阡表〉一文裡的主角；文中留下了他的一句話：「此死獄也，我求其生而不得爾。」華人世界中千年傳頌。

〈瀧岡阡表〉是在墓道石碑上記述其父母生前之嘉言懿行的文字。歐陽修四歲喪父，文中關於父親的往事，主要出自母親轉述。

文中說到清廉自持的歐陽觀會辦理公事至深夜，經常歎氣，其妻問原因，則答說：「這是死刑犯，想為他找條生路也找不到。」妻子問說：「還可以找生路啊？」他說：「為他找條生路卻找不到，則死者與我都沒有遺憾了。何況是可以找得出來呢！找得出來，就知道若是不找則必然死不瞑目。即使常常找到生路，還會有犯錯而判死刑的時候；世人則常常是找理由要他死呢。」接著回頭看到乳母豎直抱著歐陽修站在旁邊，又指著兒子歎氣說：「算命先生說我到了戌年就是人生終點了，如果他說對了，我恐怕看不到兒子成年自立。以後要將我說的話告訴他。」

這段話使人動容。看得出歐陽觀是位廉潔勤慎的好法官，生怕錯判錯殺；但也知道，有些酷吏則是唯恐找不到判決死刑的人。可是遺憾的是，自己如此小心，還是會有錯判錯殺的時候。歐陽法官想到算命先生的預言，看著兒子擔心算命不幸而言中。他要求妻子轉告兒子什麼呢？文章中沒有明言的意思好像是，如果我真的壽命不長，可能與我誤判而損了陰德有關。告訴兒子，如果也做法官，要引以為戒啊！

歐陽修母親畫荻教子的故事也很有名，歐文中記錄母親的話，一再告訴他父親為人仁厚，必能蔭及子孫；歐陽修也自述自己出仕位極人臣，足資驗證。

歐陽觀於真宗大中祥符三年（一〇一〇），歲在庚戌，術士之言果驗。歐陽修是於一甲子之後的庚戌年修治墓表時，寫下這段話，意思是稟告父親，母親已然依囑傳話，兒子永誌不忘。

歐陽觀法官的話語，也顯示了司法者判案的若干思維，很值得咀嚼。

第一，法官可能犯錯，即使小心翼翼，也很難避免。這與包青天的理想形象大有出入，卻是人間實況。歐陽觀顯然知道，自己並不是全知的審判者，也很擔心甚至後悔自己過去曾有誤判。這點恐怕是〈瀧岡阡表〉絕大多數的讀者們所忽略的部分。

第二，歐陽觀自知判死曾有錯誤，恐怕成為折壽甚或殃及子孫的原因，顯然於心難安。正是來自篤信應報，冥冥中自有因果的緣故。歐陽修也不知父親判的死獄是何情節；死罪千條，本不以殺人為限。然而《史記》上被劉邦保留至今的秦法「殺人者死」，也正就是應報論的產物。既然殺人者死，誤判的法官呢？特別是不知慎刑而常求其死的法官呢？

第三，「此死獄也，我求其生而不得爾。」用白話說就是「非殺不可」，只是個結論，沒說理由，也是已然先定其死，再來尋找不必判死的理由。州官殺人竟顯得理所當然，給條生路，反倒須有理由；死之是原則，生之是例外，竟是慎刑之道？推判說理，矛不矛盾？

第四，是否還有另一層存在於皇權制度假設之中但未說出的道理？死獄，真正掌握最後生殺大權的是天子，不是臣子；所以臣子需要有足夠的理由，才能說服天子不殺。但又不能顯得殺人的是天子，仁善的是臣子。所以要與其生之，不如死之；天子如欲赦之，則是天子之仁。況且，制度上也不能沒有死刑，因為天子通天，天可奪命，理所當然。統治權來自於天命的說法，就會得出這種結論。

這樣就可理解，勤慎的法官如歐陽觀者，既膺皇命在身，又恐誤判有傷陰騭，其深夜鞫判，苦心孤詣之所在。「求其生而不可得」，在帝王時代，遂能贏得千古共鳴！

在審判工作上，判官與君王之間，彼此究竟是怎樣的分工關係呢？同樣是北宋名臣的蘇東坡，有一篇傳世的文章，經常被人引用，也應該看看他是怎麼個說法。

蘇東坡罪疑從輕

北宋神宗熙寧五年（一〇七二），蘇東坡寫了一首詩〈戲子由〉給弟弟蘇轍，中間有這麼兩句：「讀書萬卷不讀律，致君堯舜知無術。」將讀律視為致君之術，所流露出的意思，並不以為讀律是如何高尚之舉。

如果不是王安石變法，科舉取士改考經義，廢考詩賦，歷史不曉得會是什麼面貌。至少蘇東坡的命運可能很不一樣；還會不會寫出上面的詩句不得而知，至少他那一篇後世熟知的應試文章可能就不會問世了。

北宋仁宗嘉祐二年（一〇五七），蘇東坡參加科舉考試時，歐陽修擔任主考官。閱卷的梅堯臣讀到蘇東坡寫的〈刑賞忠厚之至論〉，以為有孟軻之風，向歐陽修推薦。歐陽修看了，猜測是門徒曾鞏的手筆。為了避嫌，將之評為第二，揭曉時才發現作者是蘇東坡。後來歐陽修寫信給梅堯臣說：「讀軾書不覺汗出，快哉！老夫當避此人，放出一頭地。」其欣賞若此。

策論考題是：「罪疑惟輕，功疑惟重。」東坡行文，主張上古賢君賞善懲惡，必本於愛深憂切、惻然有哀憐無辜之心。他提到周穆王雖命呂侯作刑，曾以慎刑相告誡，顯出了哀憐無辜之心，所以孔子認為猶有可取。

蘇文接著開始引用典故，傳曰：「賞疑從與，所以廣恩也；罰疑從去，所以慎刑也。」他此處所引用的古籍文字，與孔安國的文句「刑疑附輕，賞疑從重，忠厚之至。」很接近；但更像是從《漢書．馮奉世傳》記述馮野王生平的文字「傳曰：『賞疑從予，所以廣恩勸功也；罰疑從去，所以慎刑，闕難知也。』」之中所衍伸而出。

年方二十的蘇軾，接下來所做的議論，就引人入勝了。他說堯的時代，皋陶擔任法官判罪殺人，擬了死判，先後三次；帝堯則說赦免他，也說了三次。所以天下的人都畏懼皋陶執法的堅持，而喜歡帝堯用刑態度的寬和。蘇軾隨後回頭引用此次做為考題的《尚書．大禹謨》：「罪疑惟輕，功疑惟重。與其殺不辜，寧失不經。」（意思是如果罪行的重輕有可疑的地方時，就應該從輕量刑；如果功績大小可疑時，則應該從重賞賜。）下了個贊語：「真是說得透徹啊！」

他又再往深處衍伸：可罰也可不罰時，施罰就超出義理而流於殘忍了。古人不以刀鋸加刑於人，是因為天下的罪罰不勝罰，用刀鋸也制裁不完。賞罰有疑問的時候，都以君子長者的寬厚仁慈加以對待，天下的人就會回歸君子長者的忠厚仁愛之道，所以才說，賞罰忠厚已達極致了。

宋人龔頤正在《芥隱筆記》中記下了這篇文章背後還有個有趣的故事，考官梅堯臣事後曾經問過蘇東坡，文中提到堯與皋陶的故事，不知出自何典，好像不曾見過？蘇東坡回答的是：「想當然耳！」想也知道啊，原來是他自己編造出來的。

歷史上另一位說過這句話的是孔子的二十代孫，東漢末年的孔融。曹操擊敗了袁紹之後，將袁紹的媳婦甄宓賞給了兒子曹丕。孔融就寫信給曹操，稱說武王伐紂，曾將紂妃妲己賞給了周公。曹操不明其故，孔融說，從現在發生的事回思，想當然耳！孔融後來死於曹操之手。蘇東坡似乎比孔融聰明得多，不知道他編造故事的靈感是否來自考官梅堯臣的大名。

這場考試的試題：「罪疑惟輕，功疑惟重。」出處在《尚書．大禹謨》；相關議論還見於《左傳．襄公二十六年》：「善為國者，賞不僭而刑不濫，賞僭則懼及淫人，刑濫則懼及善人，若不幸而過，寧僭無濫。」「故《夏書》曰：『與其殺不辜，寧失不經』，懼失善也。」就是說懂得治國的人，在濫賞與濫刑之間，寧可賞賜過多也不濫施刑罰；道理在於擔心嚇走了無辜的好人，寧可有不合經典要求的過失，也不肯殺害無辜的人，否則就會失去了良好的風範，讓善人遠離。

嚴格說起來，蘇東坡與《左傳》各自強調的重點，還略有不同。《左傳》更強調不能冤枉無辜的好人；所以有疑問的時候，從輕不從重；蘇東坡強調的則是仁王的仁德，他在考場中想像堯與皋陶之間曾有的對話，就在凸顯堯的寬厚，以與皋陶執法的嚴格態度做為對比。他自訂的文題，也就是要形容人主如何能從賞罰之中，都已忠厚到了極致。蘇東坡說的是須本於仁德而慎用刑罰，這當然還是出禮入刑的基調。梅堯臣與歐陽修都極為賞識此文，並不意外。

仔細考究起來，判罪有疑，也還會有幾種不同的處理態度，分別是罪疑從重、罪疑從輕、罪疑從贖，還有罪疑從無。

從《尚書．大禹謨》到《左傳》到蘇東坡的文章，說的都是罪疑要從輕而不要從重；罪疑從贖，則是出自《尚書》另外一篇〈甫刑〉，其中有一段記載的大要如下：

根據五刑定罪的疑案，要給予赦免；根據五罰定罪的疑案，也給予赦免，但必須詳細察實。判處墨刑感到可疑，可從輕處置，代之以罰一百鍰；判處劓刑感到可疑，可從輕處置，代之以罰二百鍰；判處剕刑感到可疑，可從輕處置，代之以罰五百鍰。判處宮刑感到可疑，可從輕處置，罰六百鍰。判處死刑若感到可疑，可從輕處置，罰一千鍰。

墨罪、劓罪的條目各一千條、剕罪五百條、宮罪三百，死罪的條目有二百。五種刑罰的條目共有計三千。

簡言之，罪疑從贖的意思，就是有疑時，可以從輕處置，而以罰鍰取代。

罪疑從無呢？其實是在蘇東坡沒有明言的《漢書・馮奉世傳》中引用的話「罰疑從去，所以慎刑，闕難知也」中見到。罰疑從去，闕難知也，意思是如果有懷疑，就該免去處罰了，對於不知道的事，法宜闕如。有趣的是，罰疑從去的去字，是免去的意思，與法觸不直而去之的去字，是除去的意思，並不相同。罰疑從去就是罪疑從無。

罪疑從無與罪疑從輕，似乎近似，意思卻大有區別。罪疑從無，說的是不確定犯行確有其事，就不施處罰，才能真正避免罰及無辜。可以稱得上推定無罪，在沒有證據證實犯行存在時，就要以沒有犯行加以看待。

罪疑從輕或是罪疑從赦，則是對不確定的犯行施以較輕的刑罰或加以赦免，就像是說若不確定有沒有殺人，就不處死刑而改處無期徒刑一般，其實仍是處罰了並不確知存在的犯行，完全不能避免處罰無辜的人。也就還是推定有罪，即使沒有證據證實犯行存在，仍然當作犯行存在而施以處罰，罪疑從有；與罪疑從無的思維看似相近，其實相反。與罪疑從重相比，則只是百步與五十步的差別。

至於罪疑從贖，則是罪疑則赦，但需以財帛金錢相贖，其實仍是罪疑從有，不是罪疑從無；如非認定有罪，又有什麼可以赦免的呢？如果當作是無罪，又何需以金錢相贖？無罪即應無贖。

蘇東坡的文章，讚美罪疑從輕，說是應寬宥罪行有疑的人，其實司法仍是將之看成有罪的人；司法將罪行有疑的人假設為有罪，再免其一死，還能稱之為忠厚之至嗎？既是無辜之人，又怎麼說是「不」經呢？其文中表達的司法觀念，難道沒有任何盲點存在？

如果已經假設天子是天使般的聖王，就會自然而不造作地歌頌天使的忠厚仁慈，但仍然不能免於司法思維的幾個盲點，真該稱之為刑賞忠厚之至嗎？

假如天子不是天使，又怎會刑賞忠厚之極？東坡文中假設古代聖王都是天使，言下之意，之後的天子多半不是天使，難以期待刑賞忠厚之至，又將如何避免許多無辜者的人頭落地呢？

《漢書》中罪疑從去，也就是罪疑從無，那才是慎刑的極致，不是司法思維的歷史主流，但卻是古代司法論述與當代司法可以接軌之處。還有沒有其他觀念，與當代司法可以相通呢？

唐代的柳宗元則寫了一篇〈駁復讎議〉，認為應該檢討官吏殺人的緣由，官吏濫權殺人，也該繩之以法，觀點頗具突破性，他還有什麼與司法有關的論述嗎？又是怎麼個說法呢？

柳宗元，以民為主而役其吏

唐宋八大家中，柳宗元的年齡僅次於韓愈五歲。〈駁復讎議〉是他的名篇；他的文集之中，還另有一篇不受世人注意的文字，〈送薛存義序〉，含有堪與後世媲美的觀念。

此文是他的同鄉薛存義有新職而將自零陵赴任，柳宗元為他送行的文字，通篇不足三百字，卻似有深意在焉，若用白話述其內容，大要如下：

「河東人薛存義要離開了。柳先生帶著酒與肉在江邊請他吃喝；告訴薛說，供職地方的官員，知不知道自己的職責為何呢？他應該是為人民服役，不僅僅是管理人民就夠了。就食於所耕田地的人們，以一成所得僱請官吏為他服務，是要他在審判的時候給我公平正義。

今日拿了他人的工錢，卻不做事的人，天下到處都是；不但怠忽其職，更還有盜取的行為。向來假若在家中僱請一位傭工，如果拿了工錢而不盡職做事，還盜取財貨器物，主人一定非常氣憤而想詞退並處罰他。今日天下類此之情形極多，但人民不敢發出怨怒而將之詞退並加以處罰，是為什麼呢？

這是因為民官及主僕所處的態勢不同的緣故。態勢雖然不同，但道理還是一樣的，究竟該如何對待我們百姓呢？一旦懂得這個道理，能不感到畏懼而有所警惕嗎？

存義在零陵為官兩年了。早上勤奮工作，晚上用心思考，又勞力又勞心。斷訟公允，徵稅均平，無論老少都不會心懷狡詐怨憎。他當然不是白拿工錢的人，也確是心知畏懼而有所警惕的人。我因受貶謫而沒有資格參與官員的考績或升降評價，在他將要離開的時候，用酒肉來酬賞他，而且寫下文字，把此中的道理重講一番。」

柳先生當時已被貶謫而失去官職差事，此文口氣儼然以白衣自居。其論述可簡單歸納為四點：

第一、民為主，而吏為其使役。

第二、官的勢高於民，但民官關係與僱傭關係本質相同。官勢有何理由高於民？似值懷疑。

第三、司法是官吏的主要功能之一。

第四、司法的功能，是為百姓提供服務，使司平於我。

這四點，如果視為現代司法觀念曾經在中土世界一度發軔，也不為過。

首先，這或許應看成中土世界真正民主觀念的初萌。在君主體制下，「溥天之下，莫非王土；率土之濱，莫非王臣。」君才是主人，能夠想到人民才應該是官吏的主人，其實極不容易。不知道是不是他一再遭貶，直到荒僻的永州之後，才有所反思的結果。也或許，如果不是因為薛存義與柳宗元是小同鄉，關係親近，即使萌生了這個民主的想法，恐怕也不易直接形諸文字。

民主與民本不同；民本是以君主存在為前提的語言。柳宗元說民是官之主，整篇文章沒有提到君主的位置；似還不能以完整或業已成形的民主理念視之。但是他在十世紀提出這個論述，甚至早於《大憲章》，可惜未受應有的注意，也未能繼續往下發展，直至今天。而所謂吏為民役，不就是今天說的公僕嗎？

其次，說到官民關係與僱傭關係相當，背後牽涉兩個更基本的問題。一是政府代表之國家，也就是全體人民的構成體，與官員之間是否存在僱傭關係，或是稱之為契約關係？一是此種官民關係與一般的私人契約關係，本質上有無不同？還可視為需不需要區分公法關係與私人關係的問題，或者視為需不需要區分行政訴訟與民事訴訟的問題。

至於司法是官吏的主要功能之一，在行政與司法不分的時代，柳宗元將人民納稅僱請官吏為他服務這件事，立即連結到是要他在審判的時候給我公平正義，也是很不容易的一步。下一步該思考的問題，或許就是司法功能應不應該獨立於行政功能之外了。

最後還值得注意，柳宗元文中用來描述司法功能的字眼是：「出其什一傭乎吏，使司平於我也」，這當然還不是在描述人民主人的「權利」，但應已接近是在為人民應該得到司法公平正義的想法鋪路了。他將司法視為一種服務，說的顯然不是用刑罰來建立社會秩序的刑事訴訟，而更像是當代慣見的，由法院提供人民訴訟平臺的民事訴訟或行政訴訟了。如果柳宗元說的仍就是刑事訴訟，加施處罰一定不會是在向被處罰的人提供服務；「司平於我」的服務，也應該是在說確保我不會無辜受罰吧？

用這樣的角度，去想像柳宗元餞別薛存義時的心情與眼神，會不會有他似乎是位先知的感覺？無論如何，他也絕不會知道，當時他靈光一現寫下的短短幾百字，會給千餘年後之人這種感覺的原因吧！

柳宗元後來回到長安，又被派往柳州擔任刺史，在這個職位上，他竟然採取了解放奴婢、容許贖身的政策，又該如何從法治或司法的角度看待此事呢？

沈家本諫請廢奴

史書記載，柳宗元晚年在柳州擔任刺史，當地人有種習慣，借錢時以男孩女孩做為人質，借期屆至若不能還清本利，人質聽由債主沒入，充當奴婢。這當然是貧苦人家，變相地賣兒為奴。柳宗元想方設法，將人全部贖回歸家。特別貧窮的，要求寫下僱傭條件，等到工作的價值與債欠相當的時候，將人質還回；人質已經沒入的，柳宗元自掏腰包幫助贖回。但這是一人一時一地減少貧窮製造奴婢的努力，並不等於奴隸或奴婢制度的整體變動。

有學者認為，臣子的臣這個字，在甲骨文中，就是來自於奴的身分。奴，則是階級社會的產物，也是父權社會性別歧視形成的悲劇，還常是古代施加刑罰所創造的身分等差。奴是通稱，奴隸與奴婢，則是可以區分的概念；但奴與婢兩字都帶有女字部首，可以想見其由來。

奴隸，依《周禮》是以罪犯充之；從「司厲」這個官名的職掌就可以知道，司厲的工作，是將盜賊判作奴的，其「男子入于罪隸，女子入于舂槁。」都是服苦役的意思。但有爵位在身的人，不作奴隸。

奴婢，則是秦漢以後出現的僕役，其來源又常是窮苦者賣身後的身分。黃源盛教授客氣地稱之為「身分等差秩序下的半人半物」；清代兩江總督周馥則曾直白地說，是將「奴婢與財物同論，不以人類視之」。奴隸與奴婢，都是奴工，因為不以人視之，主人實操生殺之權。

後世將奴僕稱為下人，自也是身分等差秩序的遺緒。平等觀念的有無，原是其中關鍵。柳宗元將薛存義看作民役公僕，平等思想似已躍然紙上。晉代陶淵明也有個令人動容的事，他短暫為官期間，將身邊的僕人遣回家中照顧家人，寫了一封家書叮嚀兒子，「此亦人子也，當善遇之。」此語可以視為平等觀念的啟蒙。值得注意的是，因為古人重視身分關係，恐未察覺這封充滿仁心的信上，「子」字也許是個贅字。

與美國的林肯廢奴相比，柳宗元早了一千年。柳宗元所為，只是中國歷史上第二次出現改變奴隸或奴婢制度的嘗試。首位獲得唐獎的漢學家余英時先生，曾經告訴採訪的記者，早在漢朝時候就有一位皇帝廢奴，先於西方，他說的應是篡漢的王莽。《漢書》記載王莽的次子王獲殺了奴僕，王莽責之甚切，命他自盡。又記載王莽稱帝而建號為新之後，次年（公元九年）即禁止買賣奴婢，將奴婢改稱私屬，類似私人親信的意思。余先生之語，當是史學家對於王莽難得的讚美。

漢代當時，當然是個極不平等的社會，從王莽憑藉父親的身分命令兒子自殺，即可知之。雖然禁止買賣奴婢，但仍可維持主奴關係，主奴之間絕非平等的身分關係。此項新政曾否普遍推行，頗值懷疑。王莽在位僅十四年，覆滅之後，其所推行的各種政策大都難以為繼，社會回復舊觀。

中土世界澈底告別奴隸制度，還要等待大約一九〇〇年之後，直到清光緒三十四年（一九〇八）時，才能真正到位。關鍵人物則是民國譽為《六法全書》之父的沈家本。這裡面還有個案子形成了催化作用。沈家本廢奴，繼王莽與柳宗元之後，是中國歷史上第三次的嘗試，這次成功了。

一九〇五年冬季上海發生黎王氏案件，黎王氏於丈夫過身後扶柩返鄉，途經上海，因其攜有年輕的婢女十餘名，遭到租界巡捕房疑為拐賣幼女的人口販子；在審判庭上，還引起中英兩方人員摩擦，招致媒體注意，釀成外交交涉與群眾火燒捕房的流血事件。衝突的原因，來自於滿清社會習以為常的事，在西方人的眼裡卻是極不文明的現象。

參與此案交涉的兩江總督周馥，一定清楚地感受到了西方的鄙夷。次年春天即上〈禁革買賣人口折〉，倡議永遠禁絕買賣人口，免對「微賤無告之民，有所歧視，使不得自等於人類。」

清廷將其奏議知會正在纂修新律的沈家本，沈家本隨後接連奏議，現在歐美各國均無買賣人口的制度，「係用尊重人格之主義，其法實可採取。」「方今朝廷頒行憲法，疊奉諭旨，不啻三令五申。凡與憲法有密切之關係者，尤不可不及時變通。買賣人口一事，久為西國所非笑。」「此而不早圖禁革，與頒行憲法之宗旨顯相違背。」

關於沈家本廢奴，流傳著一個故事。當天他上朝之前告訴家人，今天若是過午不回，怕是回不來了。因為他要面請慈禧與光緒裁奪廢奴。其實滿清官員面謁君主，都以「奴才」自稱；而滿朝滿漢要員家中，誰無許多奴才伺候？提議廢奴，談何容易？那天沈家本與滿朝官員在御前舌戰，果然過了中午，沈府之中都已開始準備白布了。結果最後朝廷還是拍板決定廢奴；也為後來的民國，提前解決了一個數千年的歷史課題。

宣統二年（一九一〇）四月，清廷修訂頒行《大清現行刑律》中，納入了沈家本對禁革買賣人口的九項建議；同年年底，清廷頒布《欽定大清刑律》，沈家本的另一項建議再被採納，主奴的名義在法律上成為非法。至此，數千年的奴隸制度，才真正遭到禁絕，而在法律典籍上正式宣告結束。

依照沈家本的話語，這件事應該這樣理解：「立憲之國，專以保護臣民權利為主。現行刑律中於階級之間，如品官制使良賤奴僕區判最深，殊不知富貴貧賤，品類不能強之使齊。第同隸帡幪，權由天畀，於法律實不應有厚薄之殊。」當時尚無真正的憲法存在，而沈先生的理解卻已何等到位？他能成為廢奴的功臣推手，良有以也。

民國之後，即使在民法典與刑法典皆未問世的期間，也已因為廢奴成功入法，而可在司法審判的案例中，看到了明顯的態度轉變，一起擔任社會改革的推手。黃源盛教授研究民國初年的司法，曾經挑選幾則大理院的判決先例與解釋，行文特加推崇，他指出：

民國二年就有這樣的判決：「買賣人口行為，不問是否為娼，在法律上當然不生效力。」民國六年時有「查買賣子女為法所禁，不能有效。」民國七年的是「買良為娼及原係娼復行轉賣為娼之契約，無效。」

民國七年還有一則這樣寫的是，依照禁革買賣人口條例規定，「貧民子女不能存活者，准其議定年限，立據做為雇工。先給雇值多少，彼此面訂雇定之時，不問男女長幼，總以扣至本人二十五歲為限；期限滿後，女子如母家無人無親族者，由主家為之擇配等語；是雇女限滿擇配，除知其母家有人或有親族外，應由主家為之。」

不禁使人想起柳宗元。也會想到久在民間社會存在的童養媳習慣。人類從身分等差社會走入平等時代，歷經數千年，並不容易。社會一旦開始轉變，也需要數代乃至十數代甚或數十代的消化與重新調適。司法活動，在其間也常扮演妨礙或催化改革的角色。

沈家本的修法努力，碰到了清末發生的國民革命而不能筆直地進行。法，將是如何的轉變呢？司法，又將以如何的面貌登場呢？這該要從清廷末年遇到的千古變局，以及滿清遜帝給的說法說起。以下先就一個歷史上的重要觀念：義，進行考察。

《三國演義》中的「義」

宋代（九六〇至一二七九）與清代（一六四四至一九一一）相隔了超過三百六十年。明末自從清軍設下反間計而使崇禎皇帝磔戮抗金名將袁崇煥之後，滿清入關即已勢不可擋。而世傳清軍成功運用了反間計，乃是出自《三國志演義》（簡稱《三國演義》）中蔣幹盜書虛擬情節的教導；嗣後《三國演義》也在有清一代成為家喻戶曉的說部作品，直至今日都還是電玩遊戲的熱門題材。

《三國志演義》，其實是於元末明初之際寫成，數百年來膾炙人口的歷史翻案小說。據信其作者是羅貫中，原名羅本。李贄在〈《忠義水滸傳》序〉中說：施耐庵（《水滸傳》作者）與羅貫中（據信曾伴隨施耐庵撰寫《水滸傳》）兩人「雖生元日，實憤宋事。」二人所寫的《水滸》，全名為《忠義水滸傳》，寫成北宋梁山好漢破大遼、滅方臘的虛擬故事，而以「忠義」許之。

羅貫中寫的《三國志演義》又何嘗不是講述忠義的故事？他用小說變造史實的方式，

淋漓盡致地傳揚了北宋朱熹在《通鑑綱目》中的主張，一改二十四史中陳壽所撰《三國志》視曹魏為正統的史觀，而以蜀漢為正統；其主軸，正就是使用「忠義」做為評價魏吳蜀君臣行為的價值觀，並且據以決定誰才是正統。如此使用「忠義」做為鑑別三國君主的政治正當性標準，在憲法還未出現的年代，此書是對君主提出倫理批判。書名訂為《演義》，其中的「義」字，業已建構起君王所應守的倫理規範。

《孟子．滕文公》中列舉了五倫：「父子有親，君臣有義，夫婦有別，長幼有序，朋友有信。」「君義臣忠」就成了君臣關係的基本規範。只是儒家思想中強調「臣忠」的材料，遠大過強調「君義」的面向。若問何謂「君義」？恐怕誰也說不清楚。但是忠義，正就是羅貫中筆下頌揚的核心價值觀。

《三國志演義》中塑造的忠義形象，應數關羽這個人物最為成功。《演義》一書改寫《三國志》中的情節，使得關公登上了可與孔子同祀、並稱文聖與武聖的神格地位，可見其影響。例如關公詞曹歸劉是《三國志》的描述，而過五關斬六將、千里走單騎、護嫂尋兄則是《演義》的渲染。《三國志》所無的華容道義釋曹操一節，則更是畫龍點睛的必要之筆，設無此段轉折，欠著曹孟德人情的關雲長，接下來水淹七軍、威震華夏而大破曹軍，如何算是義薄雲天而非忘恩負義的人物？恐怕難有定論。

劉關張之間，在《三國志》中只是長官部屬的關係；《演義》則描寫成由陌路而成朋友，由朋友而結義成兄弟（而且是兄弟關係的最高級，因為書中出現的「不能同年同月同日生，但求同年同月同日死」結義誓言，就只能是孿生兄弟），且是勝過夫婦的兄弟關係（劉備說：「兄弟如手足，妻子如衣服。」），最後則更上升到君臣關係。由疏而親，層層遞進，五倫關係已在其中表露無遺。然而關係的規範，不正就是一個「義」字？

關雲長對劉備的忠義，《演義》已然曲盡描寫，劉備的義呢？大概就要借用張飛哭求興兵伐吳以為關羽報仇之舉（這也不是《三國志》的情節）來進行詮釋了。讀者其實都知道，劉備伐吳充其量只能算是桃園結義誓言之功，並非君主的當然之義。《三國志》的記載則是「先主忿孫權之襲關羽」一句帶過。然則歷史上的忠臣們為君王赴死者眾，為報臣仇的君王又有幾人？此事恐怕並不真是衡量君義的標準。劉備伐吳，難道不也是為了奪回關羽失去的荊州？

《演義》重筆描寫的，還有劉備與諸葛亮的君臣關係。其中劉備託孤的一段，《三國志》也有記載：「先主於永安病篤，召亮於成都，屬以後事，謂亮曰：『君才十倍曹丕，必能安國，終定大事。若嗣子可輔，輔之；如其不才，君可自取。』亮涕泣曰：『臣敢竭股肱之力，效忠貞之節，繼之以死！』先主又為詔勑後主曰：『汝與丞相從事，事之如父。』」即使這是劉備之義，諸葛亮若真是如言自取大位，只怕要留下千古不忠不義的罵名。乃可知臣忠是單向的要求，君義只會是君主贏取讚美而內容不確定的政治姿態而已。前面說到子思告訴魯穆公，恆稱君之惡者為忠臣；成孫弋接著說：「義而遠爵祿，子思，吾惡聞之矣！」也用了一個「義」字，說的仍是臣子對君王應盡的義務或責任。君義何在？也語焉不詳。

然則《三國演義》的翻案文章顯然無比成功，從明至清，直到今日，人們對於其中所說的君臣之義，耳熟能詳的程度，恐怕遠甚於現實存在的憲法規範。義不是真正的憲法，而是中土世界用以衡量統治正當性的尺度，但也僅是面貌模糊而且內容不確定的小說家之言。

然而，以是否合乎「義」做為評斷政治是非的尺度，即便具有某種針砭的作用，仍不足以成為有效約束權力作惡的制度性辦法，也十分顯然。

《近人筆記》蒐羅了民初文人劉鐵冷記敘他的父親為晚清某位義僕作詩的一則故事。大意是一位張姓僕人因為主人家無力自養，自己也無技藝在身足資供給，只能與相熟的衙門差役商量，願意在衙門內代人受笞，換取金錢以贍養主人一家。從此竟以之為業，人稱血袴張；詩人作詩則以義僕稱之。按主僕關係就是長官部屬關係，也就是君臣關係。

此一記載讚揚僕人代人受笞以酬主人的忠義，卻諱言此事背後衙門中司法權力之惡，竟達可容許窮人代受笞責為業的地步；朝廷王法不義如此之甚而詩人卻不見輿薪，可知以「義」如此抽象、存乎一心而內容極不確定的道德觀念做為權力的政治規範，可能發生如何之畸態、也可能多麼無力。

《三國演義》在明清兩代引導人們以義之有無做為評價正統（也就是統治正當性）的標準；也有一些知識分子同樣因為時代形成的壓力而走上了另一條思考統治正當性的途徑。雖然身在局中之人，未必皆能清楚地意識到自己正在摸索的是什麼，而可能要到數百年之後才能看得出來。

在南宋淪亡於蒙古之手的時代，即曾出現鄧牧寫下《伯牙琴》一書檢討君主制度，其中〈見堯賦〉、〈君道〉、〈吏道〉、〈寶說〉、〈逆旅壁記〉各篇，莫不痛言人君之惡。只是此書少受世人重視，也罕見後代傳揚。到了明代淪亡於滿清，則又有黃宗羲（也就是黃梨州）寫成了《明夷待訪錄》，其中〈原君〉、〈原臣〉、〈原法〉、〈置相〉、〈學校〉、〈胥吏〉、〈奄宦〉諸篇，亦莫不言君之惡，言吏之害，並思所以防之制之。

鄧、黃二人其實是隔代遙相呼應，他們同樣心儀孟子，或許是因為歷史上明白而大膽針砭君惡的古人，向無出孟子之右者。鄧牧以《伯牙琴》待鍾子期，黃梨洲則以《明夷待訪錄》待箕子之見訪，從事歷史獨白而尋無知音的孤寂蒼涼，同樣躍然紙上。

到了滿清末年，則有康有為與梁啟超，還有孫中山重新接引孟子與梨洲思想，思考與討論君主制度應如何改變的問題。他們與鄧牧與黃宗羲其實有著一種相同的時代背景，就是到了感到外族入侵而形成「天崩地解」（梨洲語）或「亡國亡種」（孫文語）的時代，知識分子因為深受衝擊而痛定思痛，才有澈底檢討君主制度數千年弊害的動因與機會。而滿清傾覆之前所面臨的局面，則正是變法以繩治政治權力之不可避免。

其實，變法的決定，從來也不曾是西方列強的要求，而是出自當時國人的澈底自我覺醒，發現政治制度的體質需要脫胎換骨的改造，才能一洗數千年間因君主獨裁而生的治亂相尋、周而復始地禍患纏身。

辛亥革命之後，清廷旋即發布《憲法重大信條十九條》之〈擇期頒布君主立憲重要信條諭〉，圖謀挽救。其中還有「資政院奏持用君主立憲主義…以固邦本而維皇室一折」字樣，正是共和國到臨前夕，君王仍欲與民本思想共舞的餘暉返照。

更不數月，宣統即告退位。

宣統退位詔書

沈家本是奉命擔任修訂法律大臣（還有一位是伍廷芳），主持晚清經由制定新法律以向現代國家轉身的努力，其功未畢而辛亥革命事起。例如《欽定大清刑律》頒布於一九一一年一月二十五日，預計於次年施行。但是不久清王朝即告覆亡，該律並未正式實施。後來北洋政府又將《大清新刑律》略加修訂，改稱為《中華民國暫行新刑律》，做為刑事基本法，當初之修法，也是功不唐捐。

然而，從滿清帝制翻覆而進入共和國，轉換體制的過程，還有些基本道理需要仔細交代。一九一二年二月十二日，中土最後一位皇帝，年方六歲的宣統，頒布了退位詔書，不足四百字。遜帝將去，其鳴不哀，捉刀之人，說法不一，但對於當時的國政形勢，論述到位，頗值一讀。其全文如下：

「奉旨朕欽奉隆裕皇太后懿旨：前因民軍起事，各省響應，九夏沸騰，生靈塗炭。

特命袁世凱遣員與民軍代表討論大局，議開國會、公決政體。兩月以來，尚無確當辦法。南北睽隔，彼此相持。商輟於途，士露於野。徒以國體一日不決，故民生一日不安。今全國人民心理多傾向共和。南中各省，既倡議於前，北方諸將，亦主張於後。人心所嚮，天命可知。予亦何忍因一姓之尊榮，拂兆民之好惡。是用外觀大勢，內審輿情，特率皇帝將統治權公諸全國，定為共和立憲國體。近慰海內厭亂望治之心，遠協古聖天下為公之義。袁世凱前經資政院選舉為總理大臣，當茲新舊代謝之際，宜有南北統一之方。即由袁世凱以全權組織臨時共和政府，與民軍協商統一辦法。總期人民安堵，海宇乂安，仍合滿、漢、蒙、回、藏五族完全領土為一大中華民國，予與皇帝得以退處寬閑，優游歲月，長受國民之優禮，親見郅治之告成，豈不懿歟！欽此。」

列名其上的官員共十一人，以內閣總理袁士凱居首，司法大臣沈家本亦在其列。當日行的是鞠躬之禮，未行跪拜；自此之後，君臣人格平等。此處進一步考究一下退位詔書背後的意義。

尋根究柢，帝制時代的國家，是個君主國；有君始有國。君主國通常自稱其正當性得自於天（稱之為天命或是上帝或是某種神祇），由上天授權君王予一人專政，如果沒有固定的疆土，則溥天之下，莫非王土；率土之濱，莫非王臣。詔書中「人心所嚮，天命可知」八個字，道理在此。詔書上帝后母子並未簽名，只用了一個「法天大道」的閒章，亦有相同的涵義。

辛亥革命所打算建立的，則是一個由人民為主體組成的共和國；是要重新建立一個不同於帝制中國的國家，不復有皇帝君臨於上。民軍起事，雙方談判，談如何組織政府（政體）談不攏。退位詔書指出，此際其實需要先解決國體的問題。民軍方代表人民的傾向是要建立一個共和國，亦就是不再接受帝制君主國；連清軍的將領們也是一樣。所以年幼的宣統皇帝與其母后決定交出統治權由大家公決；授權袁世凱將滿清帝國重組為一個共和國之後，與民軍討論兩個共和國如何統一，也就是合併為一個大中華民國的意思。合併之後的中華民國，在國際法上乃可認為繼承了清帝國。

一旦以共和國為立國鵠的而邁向憲政，則國家主權屬於全體人民，而統治權力必須分由不同的權力部門執掌，包括有立法權的議會，與在訴訟個案中行使審判權力的法院法官，以免所有權力皆「定於一尊」之惡，對人民形成不可測的危險。沈家本於光緒三十三年擬訂法院編制法的奏摺中，即已提出：「東西各國憲政之萌芽，俱本於司法之獨立，而司法之獨立，實賴法律為之維持。」也就是「以行政而兼司法」，必須改變。

宣統二年朝廷核覆沈家本的奏議亦曾有云：「祥刑在重民命，而司法宜責專員。」「今東西各國更重司法之權。法官所判，無論何官不得更議。誠以非明法之人，而令其議行法之合否，既無裨於事實，且滋患於紛歧。」所討論的是，司法獨立的原則須行樹立；刑事審判的目的則是重視民命，其實也就是今天說的人權。均說得透澈而明曉，只是「權利」二字未現。

與司法有關的職務很多，《周禮》上的名稱不一，有鄉士、遂士、縣士、方士、訝士、朝士、司刑、司刺、司約、職金、司厲等等；一般的稱謂是士（如皋陶作士）或士師（如《舊約．士師記》的譯法）。司法用作官名，《隋書》上曾有「司法參軍事」的記載。沈家本在清末的最後一個職位，稱為司法大臣，仍還是行政與審判不分的職位。真正用做法律上泛稱審判部門的正式名稱，自是民國以後，權力分立制度出現以後的事。

一九一一年宋教仁起草的《鄂州約法》以及民國元年一月的《中華民國臨時政府組織法草案》，均是粗循權力分立的規模，設計政府體制，已朝審判部門獨立的方向走去；其名稱似乎尚在摸索之中，使用的是「法司」，而尚非「司法」一詞。到了民國元年三月南京參議院通過的《中華民國臨時約法》則逕以「法院」稱之。民國二年起，由私人提出的各種憲法草案，則均相互參考而普遍使用了「司法」一詞，為袁世凱約法所襲用，約定俗成，一至於今。

自此，「司法」乃是用來指稱一個自西方傳入的新生事物，獨立於行政權力體系以外的審判部門，是清末決定變法以圖強時所創設的新名詞；其準確的意義，如不仔細從源於西方的司法制度進行了解，徒從傳統文化求之，不啻緣木求魚。而今天還在使用的「司法官」一詞，仍然兼指法官與檢察官，依舊是行政與司法不分的時代遺跡。

民國的司法，須要依據法律獨立審判。儒法合流的傳統社會的法，是以出禮則入刑的刑法為主；民國的法律，也還是一樣以刑法為主嗎？除了《刑法》，做為法官審判的依據，還有些什麼法律呢？也還需要說明。

寫民法典不難

公元前五世紀時，羅馬共和國頒布了《十二銅表法》，民法在那時就已出現了。

兩千餘年之後，中土清廷覆滅，宣統退位，共和國能夠將君主國的法律照搬照用嗎？沈家本奉命修訂法律，只變法不變國，君主仍然大權在握，由孤家獨攬，恐怕不成；變了國，更不能不變法。

其實，連刑法都得變。沈家本最先是從技術面，也就是行刑的手段問題入手。光緒三十一年（一九〇五），他主持修訂大清現行律例時，率先將凌遲、戮屍、梟首等酷刑「永遠刪除」，也革除了刺字。這些酷刑，原都出於法家為了顯示王權威嚇作用的辦法，於儒家禮教仁政虧損極多，卻向為儒法合流的歷代朝廷所使用。但兩年之後仍然發生了最後一起凌遲處死，被刑的是刺殺安徽巡撫恩銘的光復會成員徐錫麟。依照當時新修的大清律例，這是違法用刑；但是，官府違法，又能如何呢？

變動刑法與刑罰，還必然觸及根本問題，就是必須要問，刑法施罰的目的，究竟為何？一九〇七年起沈家本延請日籍顧問岡田朝太郎，聯手另起爐灶，再起草一部全新的《欽定大清刑律》，隨即引發了一場禮法之爭。

禮教派朝臣群起反對依照日本立法例書寫新式的刑法典，以為此舉已悖離了「刑法之源，本乎禮教」的三綱五常，祖宗家法。既不同意道德與刑法有所區分，也不同意離開「中學為體、西學為用」的基本框架，並堅持以〈暫行章程〉五條附於刑法條文之後，伺機翻案。惟議論未定而帝國已然消解。

民國元年（一九一二）北洋政府將《欽定大清刑律》草案改寫為《暫行新刑律》，頒布施行。直到民國十七年（一九二八）南京國民政府制定刑法典；復於民國二十四年（一九三五）大幅重修，延用至今。同時仿照西例，另行起草《刑事訴訟法》法典，做為檢警機關進行追訴犯罪、法院進行審判的程序依據。刑法與刑事訴訟法，都是屬於刑事法領域的法典。民國的刑法與帝國時代的刑法，有一項重大不同。民國的刑法，處罰的是犯罪的公民，不是敵人。罪犯也是人，刑法不能不把罪犯當作人看。民國的刑法是市民刑法，不是敵人刑法。

刑事法，用一句話說，是公權力為維持社會秩序而據以制裁犯罪的法律。其實，犯罪絕不會是社會生活的全部；刑事法律自也不是共和國法律的全部，甚至不能是法秩序的重心所在。於刑法之外，共和國更需要其他的立法來對應社會生活的不同面向，至少還有兩項法律領域，一是民事法領域，一是憲法或是公法領域。

在民國成立之前，中土世界從來不曾出現任何一部民法典。歐洲大陸則從羅馬共和開始，先後出現舉世享名的民法典，包括《十二銅表法》（簡稱羅馬法）、《查士丁尼法典》、《拿破崙法典》等等，踵事增華，累積了兩千餘年修訂與解釋《民法》的經驗，形成了影響強大而與案例法系（或英美法系）並立的另一個法系，因為民法典是其共同的特徵，故常以民法法系（或歐陸法系）稱之。

英美法系的特徵是整套的案例法，與歐陸法系的特徵是偏重於書寫法典不同。歐陸法系國家藉著翻譯或仿效別國經驗的方法制定民法，則是更為捷便的流傳方法。日本明治維新，就是向歐洲取經，制定新潮的法典。康有為以日本為例上書光緒變法圖強；光緒二十六年（一九〇〇）八國聯軍之後清廷終於決定變法，交由沈家本主持其事。

只有大約十年的工夫，沈家本的團隊與他聘請的兩位日籍顧問先後寫就了五類法典：刑法、民法、刑事訴訟法、民事訴訟法與商法。只是沒有任何一部來得及付諸實施，就已進入民國了。

光緒三十三年（一九〇七），沈家本與民政部共同開始起草新民律，宣統二年（一九一〇）加速預備立憲期程，也要求提前完成民律起草，同年底草案條文稿即已完成，次年也寫成了附具立法理由的前三編說明稿。接著宣統就退位了。

民國成立後，重對《大清民律草案》進行修改，於民國十五年（一九二六）完成了民國《民律草案》，草案不具有法律效力，但當時的司法實踐，雖不引為裁判依據，但將之用作民事裁判理由。民國十八年（一九二九）立法院再以《大清民律草案》和民國《民律草案》做為基礎，陸續完成了各項子編的立法，公布實施了完整的民法典，施行至今。這是中土世界的第一部民法典，中華民國自此也正式成為民法法系的成員。這部民法中有個條文，簡單明瞭，特別值得一提，第十七條寫著：「自由不得拋棄。」就是沒有人是奴隸；訂個契約同意賣身為奴也不成；任何人不能屈身如物，成為他人的財產。

民法典是用來對應私人經濟生活中財產關係的基礎法典。人與人之間發生財產爭端時，就依《民事訴訟法》規定的程序交由法院審判。《慎子》曾經這麼解釋定分止爭的意思：一隻兔子在街上跑，眾人爭相追逐，是因為兔子的歸屬未定；在市場上賣的兔子不止一隻，人們連看都不看，不是不想要兔子，而是因為市場上的兔子已經確定歸誰，就不見爭逐了。其實說出了需要民法的道理。

寫《民法》，是以「所有權」為核心，寫下什麼財產何時歸誰的規則。然而，為什麼在西方存在了上千年，中土世界從來寫不出一部民法典呢？可能的原因不只一個。

可能是儒家社會覺得人之初性本善，提倡倫理道德就足夠產生不生爭端的和諧社會了，並不需要民法。

可能是法家覺得人皆有惡，但有聖君利用嚴厲的刑法使人民畏懼，就足以有效統治並控制社會秩序，並不需要民法。

也可能是政府就像父母處理孩子們爭玩具的態度一樣，主要的目標是要孩子們安靜地自己玩耍，不要爭吵就好，所以不願意聽他們講說各自的道理為他們斷公道，決定玩具是誰的就歸誰玩，或者決定是誰違背了事前約定的規則，而只是針對他們爭吵激烈的程度，或者一起罰站，或者沒收玩具，偏好處罰而非使用「定分」的辦法息爭。

還可能是政府官員只想展現權威維持秩序，不願意降尊紆貴，也不以為官府需要俯身提供服務，為人民解決他們的私人爭端。

最可能的是，以上都是原因。但是，一旦共和國成立了，共和國裡人民才是主人，政府是為人民提供服務的公僕，不能沒有法院，不能沒有《民法》及《民事訴訟法》做為依據，解決民間的私人糾紛。

至於商法，商業活動原也是民間的經濟活動，民法典中原也就是用來對應商業活動的立法，為了更好地對應商事活動，在民法典之外增加一些專門的商事法律，只是立法政策的選擇，各國自有辦法，本質上仍然不脫民事法的領域。

那《憲法》呢？沈家本說服兩宮同意廢奴，主要的理由就是清廷既然決定立憲，就必須廢奴。美國人寫《憲法》時沒有達成廢奴的共識，之後還不惜打了一場內戰，才開始廢奴。這個半世紀前才發生的例子，清末之時應該也是為人熟知的。

然則廢奴這件事，民法不是寫了嗎？還需要寫《憲法》嗎？《憲法》是什麼呢？

張君勱是中華民國憲法之父？

中華民國，是中土歷史上第一個共和國，也是第一個將「中國」納入名稱的國家；孫文先生則習被稱為國父。這項尊號，其實似也顯示了傳統政治文化的影響。

國人多以為，寫出首部成文憲法典的美國，其國父是華盛頓。殊不知在美國說到國父（founding fathers）時，用的是複數，不是華盛頓專有的頭銜。美國人心目中的國父們，包括華盛頓、傑弗遜（第三位美國總統）、亞當斯（第二位美國總統）、法蘭克林（Benjamin Franklin）、漢彌爾頓（Alexander Hamilton）、傑伊（John Jay）與麥迪遜（後三位就是《聯邦黨人文集》的共同作者），還有其他在美國建國及制憲過程中做出重大貢獻的開國元勳們。畢竟一個共和國的誕生，必然是一代人中一群人共同致力的結果，若只歸功於一人，其實仍然不脫天命論予一人的文化遺緒。建立中華民國，孫文先生當然居功匪淺，但原是要建立一個屬於人民的中華民國，而不是只屬於某一位父親的中華民國。國父成為一個人的稱呼，豈無「天無二王」與「民之父母」的文化翦影？然而，奉行民主憲法的共和國，不該是天無二王、民之父母的國度。

在數千年的東方文化歷史中，中華民國憲法出現甚晚。也晚於英國的《大憲章》與美國的成文憲法典。但若以二次戰後大量出現的民主國家憲法而言，一九四六年制定、一九四七年十二月二十五日生效的《中華民國憲法》，則是較早的一部，與日本國憲法同齡而年輕半載，也早於德國的《基本法》（一九四九）法國的《第五共和憲法》（一九五八），經歷了內戰、遷台、戒嚴、解嚴、民主化、修憲、數次政黨輪替至今，已歷八十年，堪稱長壽。歷史論者中，有以中華民國之父的頭銜稱呼制憲功臣張君勱先生者。然則確立中華民國為民主共和國的憲法，其誕生適合歸功於單一的憲法之父嗎？在身後獲得這樣顯示其個人聖明的稱號，張先生是否願意接受，已不得而知；但是他在憲法書寫的過程當中，確實具有不可磨滅的貢獻，也有值得記述的故事。

民國二十五年（一九三六），在訓政時期執政的國民黨為了準備制憲而推出了黨版的憲法草案，世稱《五五憲草》。憲草中採取了孫文所傾心的總統制五權憲法。抗戰結束後，各黨各派人士在政治協商會議中討論制憲的基本原則，做為制憲國民大會制憲的準備。在共產黨退出政治協商會議之後，代表在野民主黨派與會的張君勱先生，指出五五憲草中的一項矛盾。五五憲草一方面規定行政院是最高行政機關，另一方面又規定行政院院長由總統任免，對總統負責。張先生的提問是，總統可以隨時任免行政院院長，行政院如何還能是最高行政機關？

他以為，既然行政院是最高行政機關，就該規定行政院院長由總統提名，經立法院同意後任命，對立法院負責執行立法院通過的法律，始能避免法理矛盾，使人無所適從。國民黨權衡政局，做出了重大讓步，接受了他的提議，將之寫進了憲法本文（第五十五條）。

憲法制定完成之後，張先生出版了《中華民國民主憲法十講》一書，其用意是想師法美國三位制憲先賢撰成的《聯邦黨人文集》，以之做為國人日後理解憲法本旨的參考。只是美國是由三位開國元勳合力所完成，共得八十五講，內容詳盡，至今猶是美國最高法院判決之重要參考。張先生則以一己之力著述鼓吹，只得十篇文字，但是此書，在我國憲政歷史的研究上，仍具有不可取代的分量。張君勱先生書中的頭三講，就是「國家為什麼需要憲法？」、「吾國憲政何以至今沒有確立？」、「人權為憲政基本」。

在這本書中，張先生寫道：

「國民黨中確有一部為擁護蔣主席大權起見，贊成總統制。」

「我要奉勸國人：我們如何不預存一個對人的觀念，或曰『因人立制』的成見。」

「民國元年南京政府本來採用總統制，後來因為袁世凱任總統時又採用內閣制，不免『因人立制』的毛病。每一大人物一上臺，先要變更條文。總是將條文遷就個人，個人不遷就國家根本大法。這實在是件很奇怪的事。」

說到美國總統制，他以為：

「以總統一人之好惡為取去，此種制度移植於吾國，其能否造福，我是絕對懷疑的。」

張先生因為擔心總統權力過大而終有不受憲法駕馭之虞，故在政治協商會議討論憲法草案時，在權力控制的要害之處做了變動。使得中華民國憲法在英制與美制的選擇之間，既不是《五五憲草》所設定的美國總統制，也不是完全取法英國內閣制，走了張先生所說的「第三條路」。這項政府體制設計上的重大轉折，隨即引發了足以發人深省的極大一場政治漣漪。

制憲之後，當然就要依憲法規定組織政府，而由行憲國民大會選出中華民國第一任總統，擔任國家元首了。國民黨的當然人選蔣中正先生卻表示不想參選，而打算支持國際知名學者胡適先生，以為替代；蔣氏自己則只想擔任行政院院長即為已足。當時盛傳他安排了許多說客，包括後來在回憶中說出這段經過的記者陸鏗先生在內，力勸胡先生出馬；而胡先生最後也不再堅拒了。接著國民黨召開推舉總統候選人的中央全代會會議，蔣先生要求同黨的屬僚們支持不是該黨黨員的胡適先生當選。國民黨要員們，包括祕書長吳鐵城等在內，自然不能接受而紛紛勸進。

據說當時曾有一段關鍵的對話如下：

問者問道：蔣為何不肯參選？

蔣答稱：你們沒讀憲法嗎？憲法上如今政治實權在行政院，不在總統，我為什麼要選總統呢？

勸進者則進言：先生，想想看，這裡是中國欸，中國人誰知道什麼是憲法呢？但他們都知道什麼是總統，當上了總統，還怕什麼權力沒有？

最後的結果是，蔣先生接受了勸進，改變主意出來參選，而且也當選了總統；胡適先生自然也就不在局中了。國民大會隨即在會中依照修改憲法的程序制定了動員戡亂時期臨時條款，增加了總統動員戡亂的緊急權力。

這個生動鮮活的故事之中，也許有些道理值得讀者們思考。

第一，蔣先生顯然仔細讀過了這部憲法，知道張先生改動之處，已對總統的權力發生了重大的約束作用。參選總統的人當然會細讀憲法，因為他要知道當選之後會受到憲法怎樣的約束與限制。讀者你如果參選總統，不也會仔細閱讀憲法嗎？但是，只是身為受憲法保障權利的公民時，你曾經仔細讀過憲法嗎？

第二，從蔣先生出乎其黨人意料的政治行為看來，這部剛開始付諸實施的憲法，就已經起了足以左右政治人物行為的重大作用，可知憲法確實不是紙上談兵而已。蔣先生在魚與熊掌不可兼得的兩個職位之間，更重視權力，寧願放棄國家元首的尊榮而屈就行政院院長的職位。不已正是權力分立的制衡作用使然？

第三，勸進者說得直白，受到憲法保障的人民，普遍不會知道什麼是憲法、為什麼需要憲法？總統可以藉著元首的頭銜去攫取在憲法上本不屬於總統的權力。揆其用意，豈不是要將憲法的拘束視同無物？真要如此，憲法還能夠有效發揮限制政府權力而保障人民權利的功能嗎？張君勱先生書中的頭三講，不也正是在對症下藥？

第四，人們不懂得什麼是憲法，憲法有什麼價值，不還是因為缺乏法治觀念與憲法文化薰陶的緣故嗎？這種文化現象今天是不是仍然存在呢？現在已經進入二十一世紀，在我們周遭，究竟是知道什麼是憲法的人多，還是知道什麼是總統的人比較多呢？社會之中，真正能夠分辨總統做為國家元首，與做為國君或君主的差別在哪裡的人，究竟有多少呢？

最後還想再問一個問題：國父、憲法之父、總統或是元首，若與人民的權利相比，在讀者你的心中，究竟孰重孰輕呢？

立憲不易，行憲尤難

晚清最後十年，沈家本草擬了五部重要法典，獨缺憲法典。民國成立，陸續在沈家本提供的基礎上制定了可於民國適用的新法；民間編輯的《六法全書》中，最後才到位的，也是《憲法》。

其實直到今天，中土世界恐怕還是說不明白到底什麼是憲法。因為，不但憲法的概念是外來的；名詞也是；雖然政治生活中，憲法似乎存在已久，但憲法的價值在哪裡，人們恐怕還是一知半解，普遍缺乏深入的認識。

「憲法」，做為國家最重要的，比民法典或刑法典更重要的一部法典，它的中文名字，是日本國的伊藤博文所決定的。是的，就是那位代表日本，與滿清政府代表李鴻章，在一八九五年甲午戰爭後，於春帆樓簽下《馬關條約》，讓清廷割讓台灣的日本首相伊藤博文。

憲法二字是中文，不是日文；其實，選字的用意還相當高明。然而，中文世界能夠從「憲法」的名稱，一望即知「憲法」的內容是什麼嗎？如果不能，是不是因為對於「憲」這個字代表什麼意思感到陌生呢？

中文古籍《國語．晉語》中，確曾出現過「憲法」一詞：「夫以城來者，必將求利于我。夫守而二心，奸之大者也；賞善罰奸，國之憲法也。許而弗予，失吾信也；若其予之，賞大奸也。」《韓非子．定法》中也有：「法者，憲令著於官府，刑罰必於民心，賞存乎慎法，而罰加乎姦令者也，此臣之所師也。」此中稱的「憲」或「憲法」或「憲令」，或作「懸」解，或作「法」解，與刑法同樣都是君王約束臣民的法，而不是用以約束君王的法；就是因為有這一點的不同，古代中文世界偶然使用「憲法」一詞，並不能與今日所稱的憲法畫上等號。

《康熙字典》上，「憲」就是法，「懸法示人曰憲。从害省，从心从目。觀於法象，使人曉然知不善之害。接於目，怵於心，凜乎不可犯也。」就是說將圖畫（甚或首級）高懸，使人們看了知道觸法的後果，產生畏懼之心而不敢犯法。其實，這裡描述的法，還是刑法。

由伊藤博文所定名的憲法，當然不是刑法，「憲」字當時的取義是來自另一個解釋，憲字是「屬吏對上司的尊稱」，如上官稱憲臺，上諭稱憲諭，也像是稱呼憲兵，是因為其等級較高可以督察一般士兵的意思一樣。「憲法」，就是上法、較高法（higher law），為其他的法律所不能違反的法。憲法，是萬法之母，任何法律都不能與之牴觸。

甲午戰後，康有為於戊戌年（一八九八）間上書光緒皇帝，呈〈日本變政考〉，縷述日本明治時代決定變政，自德國取經而於明治二十二年（一八八九）公布施行欽定日本國憲法的經過。他主張清廷必須采鑑於日本，變法足以自強。是為戊戌政變、百日維新的發端，雖以事敗終，但無意之間對於憲法在中文世界形成了兩項重要影響，至今猶存。

一是將憲法的名稱直接自他國傳入而未再使用其他譯名，社會跳過了討論何項譯名最為恰當，錯過了從一開始就澈底了解什麼是憲法的過程與機會；一是誤以為立憲是國家自強之道，其目的是在富國強兵，以致遮掩了憲法真正的存在價值，其實是在有效抑制政府權力侵犯人民的權利。凡此，或都形成了人們正確認識或了解憲法的入口障礙。

先是清廷於光緒三十四年（一九〇八）公布了《欽定憲法大綱》，列載了皇帝的權力清單，展現了其所擁有、不受任何限制的權力，無期間限制、無範圍限制、無程序限制，也無權力繼承規則。與以人民之「權利清單」為核心的憲法，適成對比。於此可知，憲法與政府組織法不是一件事，不保障權利的法，不是憲法。清廷第一次試筆，將一分稱為憲法的文件，寫得適得其反；如果不是明知故犯、魚目混珠，就是一知半解，囫圇吞棗。

宣統三年（一九一一），武昌舉事，勢成鼎沸，清廷旋即公布了《憲法十九信條》，以謀安撫。其內容略見權力分立取代君主極權的輪廓，但也只是個綱目，作不得數。

民國元年（一九一二），在袁世凱接任臨時大總統前，南京國民政府參議院通過並公布了《中華民國臨時約法》，規定了人民權利清單，政府則大體上是個三權分立的體制，具備了不許權力集中的共和國體質。雖然只是制定憲法典之前的過渡性憲法，卻是中土有史以來第一次出現對國家元首發生某些拘束作用的基本規範。

袁世凱隨即於當選大總統後，在民國三年透過參議院制定了另一部約法，多以袁記約法稱之。顧名思義，袁記約法取銷了前一部約法對權力的限制，內中並無真正的權力分立機制足以防止大總統個人大權在握，遂行獨裁；甚至缺乏產生下任大總統的規則，以致袁世凱死後根本無法繼續運作。憲法是憲政主義的產物。憲政主義就是控制權力的思想，任何不能控制權力發生實效的法，其實不能以憲法視之。

接下來的十餘年，民國連在制定憲法典之前做為過渡的約法也無。直到民國二十年（一九三一），南京國民政府按照國民黨訓政時期的政策理論，公布施行《訓政時期約法》。此法中政府看似具備五種治權分立的規模，但關鍵條文規定訓政時期中央統治權完全歸由國民黨中央行使。與其說是共和國，不如稱之為黨主國。這也是一部賦予權力而不能制伏權力的文件，不是憲法；不符合憲政主義。

抗日戰爭結束之後，國民政府先是召集各政黨與社會賢達舉行政治協商會議，繼則根據會議通過的制憲原則，選舉制憲國民大會代表，民國三十五年（一九四六）底集會制定了一部將國體定為「民主共和國」的中華民國憲法，於次年底施行。自是訓政約法時期結束，國民黨交出絕對的統治權，還政於民；旋在內戰中退守台灣並實施戒嚴；解嚴之後，則於民國九十年（二〇〇一）的總統選舉中首次敗選，和平移轉了政權。

這部《中華民國憲法》，載明人權清單，採取權力分立的政府體制，定期進行選舉，司法獨立審判。是中文世界數千年間，僅有的一部民主共和國憲法。《憲法》，是自清廷決計變法之後，最難書寫成功也最不容易付諸施行的法典。

其實今日舉世各國，紛紛制定憲法，少有例外。值得一提問的是，已然實際執政的多數政府，為何需要憲法？人民，又為何需要憲法？

實際執政的政府大權在握，制定法律發布命令之外，為什麼還是需要有一部憲法存在？道理很簡單，執政的政府需要一部民主憲法賦予其執政的正當性。在沒有憲法的時代，執政者的正當性除了靠武力或實力給予支持之外，還需要足以服人的理由，說服人民，為什麼由你執政？

自從周代以來，統治正當性的理論建構在兩個基礎之上，第一是天命，第二是統治者的德性，簡單地說，就是「天命無常，惟德是馨。」周公以禮樂治國的理論基礎，就在於此。秦始皇征服六國統一天下，也有需要交代統治正當性的時候。秦王當然是以力不以德，但不能不有個說法，於是採用陰陽家鄒衍的五德終始之說，以周得火德，秦代周德，是水德之始，為天道運行的結果。明清之後，皇帝亦是循此自稱「奉天承運皇帝」，意思就是皇帝得位乃天命與運會所致，未必與德有關。將五行改稱五德，只是想藉用這個德字背後的正面意向而已。當天命說不被相信，而道德也被發現經常只是個遮掩用的道具時，就不足以繼續支撐統治的正當性了。

還記得宣統退位詔書裡的那八個字嗎？「人心所向，天命可知。」當天命已不足恃時，民意就要替代天命而成為統治正當性的來源了。《中華民國憲法》要求國家元首就任時必須宣誓，宣誓的對象不是天，而是人民（見《憲法》第四十八條規定的總統誓詞），就已說明了人民才是統治正當性的來源。

憲法具有固定的內容嗎？憲法當然沒有固定的內容，但是具有固定的主題。否則如果將刑法或民法稱為憲法，它就會是憲法嗎？當然不是。憲法的固定主題，是統治權力必須受到人民的控制與約束，不能侵犯人民做為一個人應該得到的基本名分，也就是 right 或權利。

人民控制、約束統治權的方法，在已無君王存在的社會裡，是用憲法典來規定，怎樣組織的政府才是具有正當性的政府，譬如須是經由人民投票選出代表人民的組織的國會，才有立法的權力；譬如經由人民投票產生的總統，才能是國家元首；譬如不能將統治權力集中於單一的個人或機關或單位，而必須組織權力分立的政府；譬如必須要有獨立的法院依法進行審判等等，都是要點。但是最重要的就是人人都是平等的，由平等的人組成的政府，必須依法平等待人。

政府需要憲法，是因為政府需要憲法賦予權力，依據民主憲法組織的政府才能具備統治正當性。

人民需要憲法，則是因為擔心政府為惡；要用憲法來節制或限制政府，確保自己的基本權利，不受仗恃權力而自許高等的任何政府人員，任意侵犯。

立憲不容易，行憲更不容易。是因為掌握政治權力的人，不問是誰，或是什麼黨，都有個相同的特性，會希望能有無邊無際的權力，不受任何限制。而人民，如果不了解什麼是憲法、不認識憲法的價值；如果不介意掌權者不受憲法控制；即使有了憲法，也對掌權者想要更動憲法來擴張權力，不能時時保持警覺；如果不能辨別任何稱做是憲法的文件是或不是真的憲法，也不計較政府有沒有按照憲法的規定行使權力，而只是依賴政府的德行、仁義、善念或慈悲，期待獲得天使般的治理，就注定沒有資格享受一切人之所以為人都必須具備的名分或正義或權利；面對政府仗恃公權力加以侵凌的時候，也毫無招架抵擋之力。

民法禁止蓄奴，規範的是私人的行為；以憲法規定廢奴，則是不許政府容許奴隸制度存在，更不容許政府人員蓄奴，限制的是政府的行為。民事法律與憲法規範的對象，不是一回事。如果不是用憲法不許政府人員蓄奴，只有民法不許私人蓄奴也還是不夠的。沈家本趁著清廷希望立憲的時候要求滿朝君臣同意廢奴，正是關鍵之處。

憲法或公法領域，是個專門用來規範國家權力秩序以保障人民權利的法領域，與民事法及刑事法領域各有所重。在統治者專制獨裁的權力碩大無朋的時代，在權利的觀念根本沒有出現的時代，當然不會生出憲法，統治者會以各種殘酷的刑罰掛帥，來嚇阻人民作亂，也就毫無足為怪。

同樣的，司法依法審判，法制的體質也將決定司法的體質；若是不從根本上變法，司法也將根本不變。以實現憲法意旨為目標的司法，與只以加課刑罰為目標的司法，也絕不是一回事。

民主的憲法，必然可以保障人民的權利嗎？有民主失敗的例子嗎？問這個問題，很多人會想到一個歷史反面人物，他的名字是希特勒。這要從一部名叫「威瑪」的憲法說起。

希特勒難題

《中華民國憲法》在草擬的階段，曾以德國於第一次世界大戰之後制定的《威瑪憲法》（一九一九至一九三三）做為重要的參考。《威瑪憲法》是德國歷史上第一部民主憲法，寫成之後頗得世人讚譽。只是德國人初試民主政治，竟然踩進了多數不知自制而竟為所欲為的民主制度陷阱，為後世寫下了憲政可因民主而傾覆的一頁教訓。

故事的主角是希特勒（Adolf Hitler），還有他的擁躉們。一九二四年之後希特勒領導的納粹黨開始在政壇崛起，一九三二年在全國大選中獲勝，贏得了國會多數的席位。次年，希特勒組閣擔任總理，德國國會以超過三分之二的多數通過了一項授權法，直接授權希特勒及其內閣行使立法權，且不受憲法限制。由於《威瑪憲法》規定的修憲程序是國會可以三分之二的多數修憲，此一授權法在形式上也已經構成合乎民主程序的修憲之舉，也就是說，民主德國以民主的方式授權希特勒獨裁，也因此竟而搖身一變成為德國歷史上的第三帝國。民主，遂以民主的方式終結了民主。

接下來，希特勒獨裁下的德國，對外大舉軍事侵略，對內進行集體屠殺，成為二十世紀人類的一場浩劫。直到一九四五年戰敗，盟軍進入德境，希特勒自殺。盟軍訂立四國條約，於紐倫堡對希特勒的黨羽戰犯行軍事審判。審判中被告答辯時提出一個基本問題，彼等戰時之所為，都有國法做為依據，他們身為國家公職人員，負有遵守國法之義務，試問檢方指其所為違法，是根據什麼準據法而為之指控？

紐倫堡大審結果判定被告們有罪，判決的依據是人類社會公平正義的基本原則。世人多讚揚此項判決終使戰犯伏法，但識者皆知，裁判理由仍嫌捉襟見肘，並不符合罪刑法定主義的起碼要求，也就難逃只是勝利者實施審判的譏評。

其罩門在於，國際法採取了各國主權至上不受任何拘束的原則，卻缺乏可以繩治獨裁者的具體成文規範。希特勒的惡，為地球村的人類帶來一個法治的教訓，國際法成文規範不足，暴露了司法說理的短板，必須進行彌補。

希特勒的惡，同時也帶給德國一個憲法上必須檢討的教訓，那就是《威瑪憲法》的修憲程序設計中，修憲權與立法權因為難以分辨而造成混淆；終則成為成文憲法限制立法權力的致命弱點與漏洞。此中同時產生了一個民主的哲學難題：民主可不可以用民主程序終結民主，回到獨裁？這是民主的弔詭悖論。需要後代仔細地辯證與回答。

戰後西德重新制定憲法，稱之為《基本法》，針對此事設計了新的因應之道。在程序上，基本法對國會的修憲權加設更多的限制，除須兩個國會各以三分之二的多數同意通過之外，修憲必須明文表明修正或增補憲法的意旨，藉以避免重蹈威瑪時代的覆轍，法律與修憲混淆不清，致使憲法的面貌模糊，失去控制權力的功能。

在實體上，基本法更明文設定修憲的界限，包括聯邦制的國體，以及基本人權保障，不但直接拘束立法、行政及司法，還成為基本法中不得修改的規定。如此一來，希特勒運用民主的程序完成獨裁授權而埋葬民主的方法，乃由憲法以明文加以防堵。

民主共和國的憲法應有修正界限的這個觀念，後來也直接進入了《中華民國憲法》的解釋體系。民國八十九年（二〇〇〇），司法院大法官以釋字第四九九號解釋宣示，包括「民主共和國」的國體、「主權在民」的原則、「基本人權」的保障，以及「權力分立」的制度，都構成我國修憲的實體界限，修憲機關通過的修憲案與之違反者，失其效力。這一則解釋十分重要，證實了獨立的司法部門，確已具備維護法治原則的實際功能。

希特勒，是利用民主制度的致命弱點掌權獨裁，也就是以民主的方法破壞民主，利用多數授權政府人員反過來埋葬多數決民主，使得憲法控制權力的作用失靈。成文憲法明定修憲界限的存在，則還是要依賴權力分立正當程序的運作，由司法的力量來防護憲法，彌補民主多數為所欲為，自貽伊戚而猶不自知的弱點。

可是，紐倫堡大審所面臨的尷尬，就是國際法缺乏成文規則，以致面對主權國家的統治者濫權侵犯基本權利而欲施加刑事制裁時，不能符合罪刑法定原則的基本要求，也使司法判決說理乏力。

人類有沒有試著亡羊補牢呢？或許可從一位中華民國派駐聯合國安理會的代表，張彭春先生的故事說起。

張彭春的故事

國際法上亡羊補牢的一個辦法，是寫一張權利清單，也可以看成是，地球村的村民們交給地球村掌權者們的一張權利帳單。歷史記載，有一位張彭春先生，在這件事上做出了實質貢獻。

張彭春何許人也？知道的人恐怕不多。他是哥倫比亞大學教育學博士，曾於芝加哥大學文學院任教，晚年時是位外交官，擔任中華民國駐聯合國安理會代表。二〇一八年，瑞典斯德哥爾摩大學亞洲及中東學系的人權講座漢斯．羅斯教授（Hans Ingvar Filip Roth）為他立傳，書名是《張彭春與世界人權宣言》，記錄了張先生對於人類的貢獻。

一九三八年，張彭春代表他的國家參與《世界人權宣言》的起草，在聯合國人權委員會發起的起草工作會議中，主席是美國總統夫人愛蓮娜．羅斯福（Eleanor Roosevelt）；張彭春與法國的勒內．卡森（Rene Cassin）、黎巴嫩的查爾斯．馬利克（Charles Malik）同為副主席。

之所以要起草這分文件，背景源於聯合國在一九四五年成立時所通過的《聯合國憲章》之中，雖然從前言到第一條以及之後的許多條文，都揭明了國際社會共同保障人權的目標，但因各國囿於主權至上的堅持，而未能在憲章中開列一張基本權利清單，做為各國主權者的拘束；這是絕大的遺憾。如果國際法中曾經立此清單，並規定主權國家皆有義務提供基本人權的保障，或許就是紐倫堡大審難題的初步解方。

識者們倡議，在國際間另行起草一張權利清單，於是匯集了超過五十個國家的代表，會商凝聚共識。會議初始，對於起草文件的性質為何，又生歧見。究竟是該起草一紙揭示共同理想但不具法律效力的宣言？還是寫一部具有拘束效力與執行機制的國際公約？大家的看法不同；分成三組各自研議也無進展。這時張彭春提議，先通過一個宣言做為基礎，以後再締結國際公約，並協商建立執行機制。眾議咸同，遂採為決議。

一九四八年十二月十日聯合國大會以零票反對的紀錄通過《世界人權宣言》之後，再於一九六六年以宣言做為藍本，完成起草兩項人權公約，也就是《聯合國公民權利和政治權利國際公約》與《聯合國經濟社會文化權利國際公約》，而均於一九七六年正式生效，並且也在二〇〇九年經立法院通過了施行條例，使之正式為中華民國的國內法。這些立法成果，都是源自張彭春緩步以行遠的那項提議。

在宣言起草的過程中，張彭春甚為活耀。他的影響還有兩點值得記述。一件事是他建議英美的與會者，避免在宣言中使用自然法來描述基本人權的淵源；其理由是，自然法理論的基督教神學淵源會使得許多非基督教文明難以接受，而人權觀念則應在世界不同的文化中具有普遍性。後來通過的宣言中，果然並未出現自然法的字眼。

張彭春又指出，東方儒家思想，原也有可與人權接榫的地方。他提到孔子說的大同世界，並且解釋孔子說的仁，意思就是同理心，而與人權觀念所說的人人平等意義相通；因為仁就是兩個人之間因同理心而生的連繫關係。張彭春為了解釋「仁」的概念，甚至創造了一個新字 two-men-mindedness 來表達其意。與會者不甚了解其義，他就再用孟子說到「致良知」之中的良知或良心（conscience）做為說明。由於與會者都能理解此字字義，因此在宣言中不只一處加以使用，包括前言及第一條，也在第十八條中，將思想、良心與宗教自由並列。這是「良心自由」進入《世界人權宣言》基本權利清單的經過。

宣言的草稿在一九四八年時完成，也是即將進入一九五〇年代美蘇冷戰時代的前夕。會中以英美為首的市場經濟國家與會者，強調公民與政治權利的自由平等，以蘇聯為首的社會主義國家的與會者，則強調社會與經濟分配的平等，不免各說各話，話不投機，張彭春位於其間，則向來抱持政治平等與經濟平等同樣重要而應兼容並蓄的立場。最後通過的宣言同時將雙方重視的條文一起納入，乃能相互讓步而獲致終局的共識。後來書寫兩公約時，就是循著政治自由平等與社會經濟平等的不同脈絡而拆分其內容；在草擬宣言的過程之中，已可見其端倪。

張彭春在國共內戰正酣之際，單獨在聯合國的會議中折衝樽俎，成功之後未曾返回大陸故土，也未曾到過台灣。他於一九五二年退休，一九五七年逝於紐澤西州。而其難得的功績，竟在海峽兩岸長期同遭淡忘。

《世界人權宣言》雖然成功地轉身成為兩項重要的國際人權公約，世人也因此將三者共同視為地球村的人權憲章，但直到今日，宣言及兩公約所保障的人權主體，也就是個別的自然人，尚不能成為國際法院所接受的訴訟主體，於清單上的權利遭受國家侵犯時，不能以自然人的身分直接在位於海牙的國際法院中主張權利、請求救濟。兩公約上的權利，個別的自然人仍只能在主權國家的國內法院中尋求救濟。國際法迄今總被認為是效力薄弱的法，不為無因。

仍可令人對國際法秩序懷抱希望的，則是一九九八年簽署的《羅馬規約》；於二〇〇二年生效之後，國際刑事法院在海牙設立，至今已有超過一百二十個國家批准加入規約。規約中設定了滅絕種族罪（第六條），危害人類罪（第七條），戰爭罪和侵略罪（第八條），也不許妨礙司法（第七十條），用國際法成文規範加施刑罰，建立了地球村的法律秩序，也終於符合了罪刑法定原則的要求。紐倫堡大審的說理遺憾，從此或許可以不再出現。

第二部

當代司法觀

楔子

案例法系發展出的社會契約稱憲法者，是萬法之母，是高於其他法律的法，是根本大法。在中文典籍裡，憲法曾有如何之稱呼？

此問也許不免吊詭。憲法不是中土世界的產物，而是日人向西方取經寫成法典時使用的譯名，中文典籍中怎麼找得到與憲法完全相當的詞彙呢？但是，如果用憲法指稱政府治理的要徑，難道中土世界就沒有可相比擬的用語？

這就要說到一位古人，箕子。箕子是殷商紂王的近親，曾遭紂王囚禁為奴，孔子在《論語》中稱讚他是殷商三大賢人之一。《淮南子．齊俗》提到他曾披髮佯狂而逃免紂王誅戮；箕子裝瘋避禍的事，流傳甚廣，《呂氏春秋．必己》一篇中也有記載。《逸周書》序中則說，箕子遭囚，是被周武王釋放的。

儒家的重要經典《尚書》裡面，有篇周武王與箕子談話的故事。《尚書》中這篇文字，記錄的是周武王在伐紂成功之後，向箕子請教治國的道理。有人以為此篇像是箕子本人的口吻，也有人以為是戰國時代的手筆。後世流傳的《尚書》將此篇題為〈洪範〉，洪是大，範是法，洪範就是大法的意思。換言之，《尚書．洪範》記載的似乎就是治國大法。中文裡使用洪範一詞背後的思維，與憲法一詞的固有涵義相比，可不可以互用呢？有無重大不同之處？

自從漢武帝決定獨尊儒術之後，包括《尚書．洪範》在內儒家的經典，不但是歷代讀書人必讀也必須熟悉熟記的資料，也是歷朝皇家東宮教育的基本教材，做為「大法」的〈洪範〉，在政治思想上曾經形成如何鉅大的影響，可以想見。

不過，〈洪範〉裡提出的大法，並不是用來約束君王的法律規範，而是箕子建議武王引為圭臬的教導。一開頭，箕子就說，他交給武王用來治國的道理，是屬於禹的治國方法，是大禹這位能夠順應天心天理而能成功治水的君王才懂得的方法。像是悖離天心天理治水失敗的鯀，就無此天賦也就不懂得這樣的方法。這一段話，有不少意在言外的暗示。

一個暗示是，有天命才是真王，這是中土流行不衰的政治哲學，得到天命的人才能成為王。第二個暗示是，擔任王的人要有能力造福百姓，才能得到天命，也才有治理國家的資格。第三個暗示則是，箕子當然是認為周武王是有能力也能得到天命的王，所以箕子才願意將大禹的治國方法傾囊相告。至於紂王何以失去天命，似也意在言外。

接下來，箕子就告訴武王，治理天下必須曉諳九種範疇各別的道理（稱為洪範九疇）。包括認識天地間五氣運行的自然原理（五行）、謹慎運用王自身的五項天資（五事，即容儀、談吐、觀察、聽聞與思考）、為政必須致力的八項要端（八政，即糧食、財貨、祭祀、居民、教民、治安、朝覲與軍旅）、了解天時歷法按節氣以授民時（五紀，即曆法歷數的基本知識）、應建立並施行政治秩序的最高準則（建皇極）、依循為政者治事馭人的三項風範（三德，即真誠正直、剛強、柔和）、懂得遇到重大疑難時的解決之道（稽疑，即佔卜與徵詢卿士及庶民意見的方法）、懂得善察天候以偵知檢討政績良窳（庶徵），最末，則是要明於福禍賞罰（五福六極）的作用。

箕子的教導，顯然與現代憲法的內容大異其趣。洪範列出的是箕子以為君王治國所需要的基本知識，託之於天授，以增加其說服力或正當性。需要說明白的是，〈洪範〉與憲法最大的不同之處，在於其出發點不同。憲法的出發點是限制並防範君王的權力無限大；〈洪範〉的出發點是促成「好人君王」的權力無限大。憲法背後的假設是無王不惡，〈洪範〉背後的假設是只要找到好人君王，就可以將天大的治理權力傾囊相授。

何以見得呢？關鍵在於洪範九疇的第五疇，「建皇極」；箕子以之教導武王建立其統治的最高準則。以下是他說的大意：

「君王要建立天下的最高準則，匯集掌握天下最佳的資源利益，以引導庶民經常遵循君王所建立的準則，確保庶民不結黨營私，只以君王建立的準則做為準則。

「表現好的人要記得他。與準則不相協調但也無重大過錯的人，仍予寬待，溫言相勸：有好的表現就能得君王賜福；以使人們都能遵循王的準則，不欺凌弱小而敬畏高明。君王使有能力的人得到發展的機會，國家就會昌盛。若未使祿位豐厚的人有所貢獻，就會見罪於民。表現不好的人，即使賜福於他，也會為君王招殃。

「臣民不得偏頗，要遵守君王的要求，既不自營美名而要遵守王道；也不為非作惡而要遵行正路。君王則無所偏袒也不容結黨，以彰顯王道寬廣；君王不結朋黨也無所偏私，以彰顯王道平坦；不偏離正道法度，以顯示君王行事正直。

「聚合遵循準則的臣民，使臣民都能歸附君王的準則。君王的準則要宣揚訓教，就是宣揚了天意、臣民凡將天子說的當作最高準則，而能遵照施行的，就能接近天子的光輝。也就是說，天子要像臣民的父母一樣，就會成為天下的君王。」

簡單地說，稱之為洪範，「建皇極」說的是君王要建立起終極的治理規矩；其實就是口銜天憲的君王命令高於一切。字面上的意思像是憲法的〈洪範〉，並不是在設定君王不可違反的規範法度以限制或防止君王為惡，反而是在期待君王建立足以駕馭臣民的至上準則，以建立君王的絕對權威。為什麼不擔心君王為惡呢？箕子已經說了，他的觀察已然認定武王是像大禹一樣值得託付大任的好王，天命攸歸，所以授之以絕對的權柄與絕對有效的統治方法，以成就其王業。

歷史傳說，箕子隨後表示不願歸附武王，周武王封他以朝鮮之地，箕子遂率族人遠走。箕子以殷商帝冑遺臣的身分回答周武王的大哉下問，說的是真心話還是恭維言語？他教導的內容，不也正是君王獨裁的要訣嗎？紂王與武王的差別只在於紂王是惡人而武王是好人而已。然則，好人與惡人由誰說了算數呢？哪一個當朝的君王不會被臣下奉承為好人呢？箕子難道不是擔心武王出爾反爾，所以遠遁嗎？

〈洪範〉所說的治理要徑是，認定一位可以為王的好人以之為聖人，授之以絕對的權柄，祈求得到善治。若是看走眼了怎麼辦？恐怕只能自食其果。找不到好人怎麼辦？那就要等待，等待個五百年也要等，孟子不就說過「五百年必有王者興」？然而無王者興的五百年要怎麼過？好像沒有可以令人安心的答案。這會不會是箕子不肯留下來的真正原因呢？

箕子相中的周武王，不會為惡嗎？《逸周書．世俘》一篇描述了牧野之戰勝利以後，周武王殺俘、伐國、狩獵、炫武的諸般情景。在孔子為尊者隱而刪書之後，今天看到的《尚書》沒有收納〈世俘〉在內。

回到主題，《尚書．洪範》的基本邏輯是，有能而有德者始有擔任君王的正當性，既然有德，即無為惡之虞，掌握絕對的權柄，理所當然，沒有需要擔心的風險。這種純理論式的道德假設，有任何歷史事實的證據支持嗎？讀者們的心中不難自有答案。

而憲法之所以在最近數百年中才真正開始出現，正是從歷史經驗得出完全不同的假設，不論是好人、壞人、聖人、偉人，一旦掌握權力，就有濫權的危險；權力愈大，風險越高，這才產生了藉用憲法來控制權力的需要。賦予絕對權力不需要憲法；〈洪範〉使用集中權力做為治國的基本方法，不是限制權力的憲法。

用〈洪範〉教導君王集權以謀善治，與用憲法防止極權為惡，完全異趣。憲法不曾在中土的歷史中出現，不是因為缺乏憲法的名稱，而是因為中土從未看清楚權力必然為惡，因為有了權力，好人也會為惡，所以必須設法加以限制，成就每個庶民都應該得到的最起碼的正義對待。因為無此認識，〈洪範〉就只能是〈洪範〉，不是憲法。

簡言之，儒家經典中的〈洪範〉，是佐王馭民的教本，不是為民馭王的法度。馭王不能只有勸導而無強制君王服從的手段。即使將〈洪範〉視為施加於君王的道德禮教，期許君王成為善治而愛民如子的民之父母，只用勉勵向善的道理規勸約束君王，則不妨稱之為人國之禮；但是，如果在制度安排上欠缺必須具備救濟權利的程序，做為制止君王侵害臣民的有效手段，充其量也只能稱為人國之禮，儒法社會，雖有〈洪範〉出現，仍無憲法存在。

民主憲法所建立的社會，不再是儒法社會，也未必是案例法社會，但必是法治社會。什麼是法治社會呢？接下來要從各種面向加以理解。

第一章

法治社會十二問

權利是恩賜嗎？

東亞以儒家為代表的道德哲學理想，開展了數千年的早熟文明；與西方相較，甚為發達。而西方因為發展出權利觀念而產生的法治文明，則為東方歷史上，直至二十世紀初未曾出現也未曾著陸的思想。

當東亞儒家社會開始引進一部稱為民主憲法的法典，改以保護權利做為主要的目的，據之建立國家、組織政府的時候，不只是寫出一部憲法典就夠了，而是須要開始引進一種文化，有些時候即使很可能與原有的文化格格不入，也不後悔。

但是，一旦有了民主的憲法，若是覺得這是人家的東西，我們還是回到從前吧，那就必須先否定人民才是國家主人的前提，回到一個帝國，就會像是遇到了希特勒那樣，面臨重受權力濫用之害而無計可施的危險。

一旦知道憲政不能回頭，而要筆直迎向前去，就不能不清楚認識其中的文化，認真地接納憲法典背後必然跟隨的法治文化價值，學習融入法治文化。

以下要從十二個不同的角度，問問法治文化與東方既有的政治文化差異究竟何在，來思考是否及如何迎接法治文化，進入社會生活這個嚴肅的問題。

第一問，權利是不是政府恩賜的福利？

還記得蘇東坡文章裡無中生有的故事嗎？「皐陶曰『殺之』三，堯曰『赦之』三。」赦免是君王的恩惠恩賜；給與不給，繫乎君王一念。蘇東坡在應試時創造一個想當然耳的歷史情節，正是為了凸顯君王恩賜的善念與慈悲。期待君王恩賜有什麼不好呢？現在再說個唐朝法官張蘊古的故事。

唐太宗初登帝位的第二年，自地方借調中央為皇帝擬詔書的官員張蘊古，上呈一篇《大寶箴》寫了「故以一人治天下，不以天下奉一人」做為規勸，極得太宗嘉賞，封他為大理寺丞，也就是最高法院法官。貞觀五年，有李好德其人，精神失常，言涉妖妄，詔令入罪。蘊古進言，其人有病，不當入罪。太宗許予寬宥。蘊古偷偷知會李好德，還招他一起博弈。有人上奏其事，言及蘊古與好德有舊；太宗大怒，立刻斬了張蘊古。

之後太宗感到後悔，指責房玄齡說，蘊古身為法官，與囚徒博戲，漏洩朕言，罪行甚重。但依據常律尚不至於處死。朕當時因盛怒即令處置。你們竟不說話，就這麼殺了，豈是道理？

於是下令，凡有死刑，雖令即決，皆須五覆奏。此後遇到死刑必須反覆奏議五次才能處決，始於蘊古一案。其實，此前原也有三覆奏的程序，但太宗自覺還是常有錯殺；於是自己檢討：近來處死的程序，雖說須要三覆奏，但是須臾之間三奏便已結束；都不深思，三奏有何用處？今後宜在二日內五覆奏，以求慎重。

歷史上這些記載，或可用來稱讚唐太宗能夠自我省察，是個好皇帝；但是也顯示了制度設計的根本沒變，無論三奏還是五奏，最後殺與不殺，都是君王決定。唐太宗之後，後代的君王不以為必要，五覆奏就人亡政息了。一旦唐太宗改變了主意，覺得五覆奏多餘，說取消也就取消了。

所以即使有恩赦之法，君王也有改過之仁，還是張蘊古說的那句話，制度上還就是只「以一人治天下」，殺與不殺、赦與不赦，乃至於依不依律法而為，一切都取決於皇帝的恩典，除了君王自己之外，沒有任何人可以改變君王的決定，張蘊古也沒有任何可以主張的權利可言；即使有了五覆奏的程序之後，還是沒有任何權利。

好的君王，願意聽到諫言，甚至願意改變自己不恰當的決定；不是好的君王，則不聽諫言，甚至不許諫言。如果說唐太宗是好皇帝，歷史上又有幾位唐太宗呢？沒有權力分由不同的機關各自行使的制度，仁德都只是恩賜，不是權利。

再用今天熟悉的事物舉例。如果有人問道，全民健保之下的保險給付，是福利嗎？大概都會欣然稱是。

但是如果再問，全民健保給付是權利嗎？或許不是每個人也都會肯定說是了。於是當有一問，福利與權利的差別又是什麼呢？

福利是某種好處，但未必是分內應得的；譬如年終晚會上的摸彩抽獎，又譬如老闆因為見義勇為的員工為公司帶來了榮耀，而決定發給獎金，都是福利，不是權利。給或不給福利，那是給予者的決定；被給予者沒有權利，非要不可。

權利，則是一個人所應該得到的，而且可以依據法律加以主張的事物。譬如薪水報酬，譬如受害者依法應得的賠償，就是權利。因為全民健康保險制度是由法律加以規定的，繳納了保費就可以在保險事故發生時得到給付，保險給付就是依法可以主張的權利。付有給付義務的人，不能將權利當作是可給可不給的福利；是權利，就必須支給。

也許有人會進一步思考，全民健保法律規定的給付，必然是根據財源的多寡而決定其範圍，社會富有時財源充足，社會貧窮時財源枯竭，立法院因財源枯竭而廢止全民健保法律的時候，就不再存在獲得健保給付的權利了；因此全民健保本質上仍然只是一種社會福利，對不對？

這話也許有些道理，但是，因為全民健康保險是已經是寫在憲法中的社會保險，憲法規定了國家或中央政府有實施全民健保的憲法義務。不論立法院如何設計健保制度，都必是在財力許可的範圍內，盡到推行全民健保制度的立法義務，但是立法院不能完全拒絕不做；因為財源不足而付不出錢來的時候，就像是債務人無力清償的時候，債權人可能要不到錢，是權利得不到清償，但是不會失去權利；在債務人有了清償能力時，仍可請求給付。

循此路徑理解全民健保，就可以了解為什麼全民健保已然是一種可以尋求法律救濟的權利，不只是社會福利而已。

簡單一句話回答，權利不是政府恩賜的福利；依法成立的權利，政府不能不給。

契約是不是法？

前面提到自周代以降，崇尚王權時代形成的基本觀念，有王法而無契約法；現在換一個角度問，契約本身是法嗎？譬如收藏於台北故宮博物院的散氏盤，記錄了一個和解契約，這個契約是由周王的使臣見證，而且製成了青銅器，鄭重若此，怎麼可能不是法？思考這個問題，應該回到周代的《周禮》，才能明白。《周禮．秋官．司寇》中有兩個官職名稱，一是司約；一是司盟，都與了解何為契約有關。

司約的任務是：

「掌邦國及萬民之約劑。治神之約為上，治民之約次之，治地之約次之，治功之約次之，治器之約次，治摯之約次之。凡大約劑書於宗彝，小約劑書於丹圖。若有訟者，則珥而辟藏，其不信者服墨刑。若大亂，則六官辟藏，其不信者殺。」

依照漢代鄭玄的釋讀，這是在掌理約束邦國及萬民的券書（稱為約劑或約），負責管理與券書牴觸或冒犯上下之分的行為。約劑分為六類，最上的約劑是祭祀天地社稷祖先的神約，其次是征稅、遷移、仇讎和解的民約；又有關於經界畫分及田耕休耕諸事的地約；又有定王功國功治民之功與賞爵所及的功約；又有禮樂吉凶車服所得用的器約；又有以玉帛禽鳥為相與往來之禮的摯約。

陸德明解釋，此六約的約束：

「以諸侯為主，中亦有王事，但王至尊，設約不及之耳。」

約，是由朝廷約束人民的意思；所以經書中才會規定，不遵守信用的，要課以刺面的墨刑；若竟形成大亂，不遵守信用的處死！

換而言之，司約，處理的是天子所加施的約束，「大約劑書於宗彝，小約劑書於丹書」，六官都有所藏，必要時開藏證驗以息訟平亂。對於不遵守約束的，也就是「不信」的行為，則施以輕重不同的刑罰。所謂約，就是記載在《周禮》須要遵守的一種禮，按五倫關係之中，朋友有信，失信則違禮，背後的基本原則，還是失禮則入刑。此處有約有法，約是禮，法是刑。只是無論如何，王（周王）是至尊，約不及王！

司盟的任務則是：

「掌盟載之法。凡邦國有疑會同，則掌其盟約之載及其禮儀，北面詔明神，既盟，則貳之。盟萬民之犯命者，詛其不信者亦如之。凡民之有約劑者，其貳在司盟；有獄訟者，則使之盟詛。凡盟詛，各以其地域之眾庶，共其牲而致焉；既盟，則為司盟共祈酒脯。」

也就是職司管理盟書的規範。邦國間不協和而謁見天子立誓成約，則司其記載與禮儀，面向北面祭拜日月山川以為約束。盟誓完成，則做成盟書的副本留存。盟誓是為了嚇阻萬民違犯君主的教令，也以詛咒來澄清，不曾有發生與違犯天子教令相當的違約不守信用的行為。人民之間有相互約束的文書，由司盟留存其副本。發生爭罪或爭財的爭執，也先要當事人盟誓詛咒，使之不敢不守信用，以避免爭端。盟誓的地點無常，但盟誓所需的牲品，則由當地的人民提供，並出酒脯，以與司盟共同祈求神明之用。盟載之法，與今日國際公法的概念可相比擬。

以散氏盤的記載為例，雙方在君王的使者前立書以為約束，有盟誓的行為，十分重要；「誓曰，我既付散式田器，有爽，實余有散氏心賊，則爰千罰千，傳棄之。」講的重點是，神明共鑑，如果爽約失信，就是坐實了我對散氏存心不良，爽約多少就加罰多少，告訴大家看不起我。也就是說，起誓守禮守信，否則就應有加倍的懲罰，並且接受遭人唾棄的不名譽下場。真正的法，是應遵王命與言而有信的禮，失禮則應受罰。

簡單地說，沒有契約法的時代，「守信」是法，契約約定的內容本身，其實不是法。只是依靠盟誓期待當事人遵守約束；不遵守約定的後果是受到懲罰，而不是強制雙方按照約定履行。必須進入有契約法的時代，契約的內容本身才是法，成為依據當事人合意制定而約束當事人雙方的法。

一旦建立了契約的內容成為法的法觀念時，法就不必是王令，而是當事人可以自行合意訂立的約束，而且成為國家必須動用公權力實現其內容的法。法的基礎改變了；法的來源從王令，變成了當事人的合意。王令的正當性原本來自於天命，唯有君王可以上通天意，成就了予一人的特殊地位；向天罰誓，十分必要；罰的內容才構成法。當事人的合意就直接成為法的時候，對天罰誓的儀式變成不必要，有沒有王的參與不但不重要，王還負有使其實現的義務，王的統治權基礎其實發生了重大變化。這才是在傳統的王權政治中，君王的法令之中不存在契約法，並不接受當事人的意志可以構成法的來源的背景原因。

同理，所謂劉邦與父老約，是劉邦自任新的統治者，以簡約的三章秦法為內容約束關中人民的統治命令，也是刑罰，不是劉邦與父老訂立了契約法。所以只有關中人民受約束，劉邦沒有義務，也不受約束。事後蕭何認為三章不夠，就另訂九章之法，說改就改，不必問關中人民是否同意，就是統治者可以任意遂行意志的當然邏輯。

約法三章，關中父老，沒有可資主張的權利。人民有權利，是根本不存在的觀念。

如果關中父老有權利的觀念，他們該問劉邦一個問題，劉邦將軍啊，現在你答應法的約束只有三條，如果有一天你又加了第四條該怎麼辦？我們可以拿你的宅子抵償嗎？人類第一次這樣詢問君王，是在一二一五年約翰王簽訂《大憲章》的那一天。關中父老們，或許感恩戴德還來不及，沒想到應該這樣問劉邦。就這樣，他們錯過了發明權利的觀念。一錯過，就超過了一七〇〇年。

以民為主與帝王告別的時代，必須也必然出現契約法，當事人可以據之產生契約上的權利，其道理在此。

冒充的民之父母？

清人王世禎的《池北偶談》書中，記載了一則短笑話，「今鄉官稱州縣官曰父母，撫按司道府官曰公祖，沿明世之舊也。張司徒《南園漫錄》言其非矣，謂稱布政司為曾祖父母，則尤可笑。今不聞有此稱矣。」鄉官對州官叫爸爸，州官的長官叫爺爺，再上一層就該叫曾祖父了。多麼荒謬的官場笑話啊！

可是，今天到了二十一世紀，也總還是會聽到人們使用「父母官」或「子民」的說法，究竟是什麼道理呢？

人權清單上，基本權利觀念的著眼點，是政府與人民之間的關係。儒家社會對於政府與人民間關係的基本想像，則是「民之父母」。這四個字，基本上恐已與權利思想絕緣；因為人們通常不會有向父母提出權利主張的意念。

儒家思想重視五種人倫關係，父子、君臣、夫婦、兄弟、朋友，像是口訣一樣，為人人皆知的倫理，是父子有親、父慈子孝；君臣有義、君使臣忠；夫妻有別、夫唱婦隨；

長幼有序、兄友弟恭；朋友有信，也就是最基本的五項人倫之禮。

這其實是從每個人身邊最基本的人際關係入手，教導人們在五種基本關係中遵守所應適用的道德規範；藉之建立和諧的社會秩序，以求安身立命。這套觀念影響深遠，人們的日常，慣將足以對應關係規範的行為稱為「是」與「對的」；反之則為「非」與「錯的」；形成了是非對錯的標準。道歉時則要說「失禮」或「對不起」。不介意則說「沒有關係」，則是因為沒有關係的人是陌生人，並無關係之禮可用。

這正是中文用來表達 right 與 wrong 的字眼，會是「對錯」、「是非」這類由關係字眼所組成的詞彙的緣故。如果說成「正邪」也能達意，但恐非熟悉中文的人們的首選。英文中 right 與 wrong，不必靠「關係」加以界定，形容詞 right 原與名詞 right 的語境相通，但中文的「對錯、是非」就難以表達名詞 right 的意思了，因為中文世界中使用關係規範定義 right and wrong，並不是西方的思路。

西方的思潮中，當然也有不同的角度。例如馬克斯對人的定義是「社會關係的集合」，或許是與儒家較為接近的描述方法。五倫關係所定義的人，曾被當代的研究者稱為「倫人」，可以說成是五種基本社會關係的集合。

在五倫關係之外的人，儒家仍然習於藉著關係而為描述。例如世間獨立的個體，則著眼於人與自然的關係，以「天人合一」的境界做為形容。另外像是師生關係也很重要；《白虎通》一書即謂，師生關係介於君臣父子之間。所採用的是與五倫關係相與比擬的方法。

個人與政府的關係，或者在王權時代稱為君民關係者，也是五倫之外的關係。古籍中也使用比擬的方法加以描述。所謂「溥天之下，莫非王土，率土之濱，莫非王臣」，就是將君民關係比做君臣關係。另一種更常見的比疑，則是使用父母子女關係來理解君民關係。

《禮記》中記載，孔子曾經詳細向學生說明，怎樣的君王才能當得起「民之父母」的稱號；《孟子》中則一方面指責君王率獸食人，另一方面仍然提及理想的君王角色是「民之父母」。君王是民之父母，官府就成了「愛民如子」的「父母官」。《池北偶談》裡的笑話正是在諷刺這樣的語言。然而，這些到今天人們都還經常使用的詞令，其實仍然是人們理解基本權利的障礙。

民之父母的身分定位，在憲法的規範體制中不能成立。君王或政府官吏，不是民之父母，也不能是民之父母。父母子女間是血緣的關係，出於自然天性而無可比擬。沒有任何理由相信，統治者面對萬民，會像愛護親生子女一樣地愛護其絕大多數全不相識的每一位人民。

民之父母的比擬或期許，非但不合於事實，而且會帶來許多負面效應。父母子女在人倫關係中常被認作不是平等的關係，儒家對子女的道德要求，是孝順，也是無違，宋儒甚至以為，天下無不是的父母；民之父母的比喻一旦將父母子女的關係嫁接成政府與人民的關係，政府以父母之尊的姿態君臨其民，更可為所欲為；既不是真的父母之親，則對人民做出一般父母不會對子女為之的惡劣行徑，歷史上屢見不鮮；甚至要求人民以超越父母子女關係的程度，無條件地服從政府的命令。要求人民愛戴元首甚於父母的例子也不少見。

父母子女關係只能適用於父母子女之間，不能移用於政府與人民之間，否則只會造成人民遭受政府壓抑更甚。父母子女關係原是終身的關係，將之引入政府與人民之間，帶來統治者是終身身分的暗示，也正是走向權力毫無時間限制的觀念溫床。

在社會人情上，父母子女關係受道德意識支配的成分極高，通常不是訴諸權利義務規範的場合。若藉之處理政府與人民的關係，濃厚的道德色彩也足以排斥權利觀念萌芽。

人民與政府之間的關係，絕不能想當然耳地用父母子女關係加以解釋。古往今來，惡父母沒有惡政府多；政府成為民之父母，成為惡政府的機會只增不減。為民父母的政府更將予取予求，有什麼理由需要善待人民呢？

於是，柳宗元〈送薛存義序〉中表達的觀點，格外彌足珍貴。他將政府事務理解為為民服務的關係，是俸祿來自人民稅捐而必須提供服務的聘僱或委任關係，不是如尊崇高親般的上下支配關係。人民是主人，政府官員是從人群中挑選出來提供服務的人。

持平而論，服務者與被服務者的人格平等，提供服務者固不該對其服務的對象頤指氣使，予取予求；被服務者也應該知道「此亦人子也，當善遇之」。另一方面，僕從可能為惡，亦不能不防。

沒有君王的社會，相互平等的人經過商量討論而締結一項基本的社會契約，稱為「憲法」，據之而以民主的方式組織政府，服務人民（例如由民事法院法官提供審判服務），也依民意制訂法律懲罰犯罪（例如由刑事法院法官進行審判，以確保加施懲罰符合正當法律程序）。誰也不比誰更高貴，也不自詡為民之父母而高人一等。

「人權」裡的人，是獨立的個體，身分是面對政府的「民」；稱為「人民」，人是基本單位、民則是身分。人權就是人之所以為人，可以平等獲得的、最起碼的正義或基本人道對待，也是當代構建政府與人民的法律關係之中，所不可或缺的元素。知道這層關係必須存在，就能理解為什麼「民之父母」是個必須揚棄的有害觀念了。

民本就是民主？

古文《尚書．夏書》之中，有一篇講述夏代傳說太康失國的故事，稱為〈五子之歌〉。雖然疑為後代造作的偽經，但是對後世形成的影響不小，值得省思其中意義。

〈五子之歌〉說的故事大意是，荒廢國政的太康因人民反抗而失去政權，他的五個兄弟在洛水附近等他回來，用夏禹留下的訓戒作了可以吟唱的歌謠。其中一首的內容是：祖先早有訓誡，人民可以親近，不可輕視。「民惟邦本，本固邦寧。」我看天下的愚夫愚婦誰都可以勝過我。統治者犯了許多過錯，民怨豈能等到顯明，還未成形時就應加以預防；面臨兆民，君主應知心存恐懼，有如使用腐朽的繩索駕馭著六馬的車乘；居於人民之上的君主，怎能不虔敬呢？

「民惟邦本，本固邦寧」，這八個字，常見引用。不少論者將之稱為民本思想，以之為中土世界民主思想的發端，甚至以為就是民主思想。

先說這八個字的意思：人民只能視之為邦國的根本，根本穩固，邦國才能安寧。所強調的是，君主應該重視人民，邦國才能穩定。這八個字也常令人聯想到孟子說的，「民為貴，社稷次之，君為輕。」

民本就是民主嗎？看來相似，卻有很大的不同；應該從國家的體制說起。民本與民主，只是一字之差，就差在這一字。民本不是民主，是因為民本是君主時代的產物。既以君為主，就不是以民為主。

君主國，有君即有國；失其君則失其國，民本思想，是用來勸戒君主的，君主國的根本，在於有受君主統治的人民，不可與民結仇，以致失去了根本。其目的在於維護君主的統治。君主民從，統治者是君，服從君主的是人民；本固邦寧，是君主國的理想狀態，根基穩固，和平安寧。

民本民本，與其說人民是邦國的根本，不如說是君主的資本，資本雄厚，君主的好處自然明顯。民本思想立說的終極目的，是秩序安定的狀態，而非人民的福祉。

也不妨這樣說，如果社會秩序安定與人民的福祉是雙重的追求，究竟是為了社會秩序安定而給予人民福祉呢？還是為了人民的福祉而維持社會秩序安定呢？何者是手段？何者才是終極目的？就是差別所在。

民本思想的終極追求，是秩序安定，因為秩序安定，君主的政權才能穩定，愛護人民是維持君主統治的手段，君主的福祉利益才是最後的目的。

民主則不然，民主國，有民始有國；失其民則失其國。民主國中，不以君為主；甚至不必存在君主。人民，才是設立政府的目的，不是建立君王的統治與維持君主的存在。維持社會秩序穩定安寧是手段，其目的是人民的福祉；不能手段、目的顛倒，將民本說成是民主。

有了民主，根本不需要民本思想；惟其因為是以君為主，不以民為主，才會需要用民本提醒君主。就像〈五子之歌〉的目的，是等待太康復位，不重犯失去政權的錯誤。

也許有人會問，在君主立憲的民主國家，兩者不能並存嗎？且以英國為例，君主立憲，只是個名義，意思是國會代表人民立憲立法，以英王的名義簽署發布，英王只餘尸位，是個門面、擺飾而已。原來的君王主權，自從一六八九年光榮革命之後，已經基於人民才是主人的思想，完全交由人民的代表所組成的國會行使，成為國會主權。英國的歷史，人民將英王的權力剝奪殆盡，稱之為國家的吉祥物，英王受到憲政慣例與國會立法的嚴格拘束，英國已有標準的法治，不是人治或王治國家。今日英國只知有民主，全不需要民本思想做為君王的座右銘。

至於孟子說的那三句話，「民為貴，社稷為次，君為輕」，世人耳熟能詳，確實比〈五子之歌〉更有一些民主的味道。就像《荀子．大略》中也有四句話：「天之生民，非為君也；天之立君，以為民也。」所講的是立君是手段，人民才是目的，相當透澈。可惜的是，荀子教出了李斯與韓非兩個學生，成為法家的重鎮，以致荀子始終不得入祀孔廟。更可惜的是，孟子與荀子數千年前就已出現的智慧語言，直到十九世紀末葉，也未能促成民主制度落地。是到八國聯軍之後，慈禧也點頭變法，民主思想才真正有了輸入中土的機會。

民主制度與君主制度有個相同之處，都必須交代政府統治的正當性來自於何方？君主國以君主立國，君主所領導的政府是主人，人民是被統治者甚或與被奴役者無殊；其統治正當性，如果不說是歸功於掌中武力或施展暴力，就必須訴諸君權神授的假說，不容挑戰。而「天命說」所形成的「天子」、「予一人」，就是君權神授說的一種版本，以自然的又超自然的、看似存在的又其實虛無的、有時也人格化的「天」取代以人形所描繪的「神祉」，基於想像中或經驗中人力不可匹敵抗拒的力量，將統治大權交付給君王，以成就其統治的正當性。周代以來的天命觀，則還加入「道德」的判斷因素以期緩和其中絕對的任意性，君主制度可能有以民為本的時候，但是問題在於，君主不以民為本，也不因此喪失統治正當性，「我不有命在天？」其所建立的，仍是除了以革命來誅殺獨夫（孟子語）之外，難以動搖的統治或政權正當性，長在人間為害甚烈而風險極高。

民主制度與之不同的地方，就在於統治正當性的來源不同。民主國家的統治正當性來源是人民，只能是人民，不是天，不是神，不是一個人，不是一個姓氏的血緣，也不是一個政黨，而是全體人民。民主制度中，政府統治的正當性，只能源於人民的同意。人民享有透過和平的程序（最常用的方法是選舉）定期改換執政者的權利。經由多數所形成的民意是最高的，是多元的，是開放的，是始終流動的，是可以說服的，是經由理性討論產生的，是需要不時進行確認的，是不可讓渡的，而且其終局的正當性是不容否認的。只有人民才是主人，政府是要為人民服務才得到任命的。

簡單地說，民本思想是君主時代的產物；民本思想的提出，是在幫助君主維持政權。民主思想，則是要用主權在民取代君主統治；以為民本就是民主，或許有助於華人社會提高自信，卻怕是顯得還未真正掌握民主的寓意。

從身分到契約？

婚姻關係中發生通姦行為，刑法可以規定施以刑罰嗎？民國一〇九年，司法院大法官宣告，刑法上的通姦罪與刑事訴訟法上的相關規定，違憲（釋七九一）！通姦，顯然是個社會上普遍認為違反道德的行為，法律為什麼不能施以刑罰呢？這則解釋共有十六起法院法官及六起人民提出聲請釋憲，普受社會矚目。

英國學者亨利．梅因（Henry Maine）在一八六一年出版了《古代法》（*Ancient Law*）一書，提出了一個觀點，他認為從古到今，社會進化的軌跡，是一個從身分到契約的運動；亦即在彼此陌生或是不陌生的個人之間，基於平等地位而議定的契約，得以取代其他從原生家庭得來的社會身分，來決定他們之間的關係規範為何。這項觀察，在評價通姦罪的憲法案件中，也有跡可尋。

在民國二十四年（一九三五）制定的民法出現之前，中土世界的婚姻制度，在儒家思想言之，是一切人倫秩序關係之始。

《禮記．昏義》上說：「昏禮者，將合二姓之好，上以事宗廟，而下以繼後世也。故君子重之。」

講明了婚禮的意義有三，第一是兩個姓氏間締結的關係，是家族本位而非個人本位的舉動，如果說成是一種契約，也是由雙方家長締結的家族間契約，拘束婚姻的當事雙方，但並不是婚姻兩位當事人之間的契約；第二，婚姻是為了祭祀祖先而為之者；第三，婚姻也是為了繁衍後代而為之者；其主要目的，是社會性的功能，非在提供婚姻當事人據以經營終生共同親密生活的約定。

所謂祭祀祖先，在父系社會裡，是男娶女嫁，所祭祀的是男方的祖先。古時有謂男女無別，則父子不親，就是必須區別父系社會與母系社會關係不同的意思。因為是父系社會，為了傳宗接代，所以採對偶婚制而容許一夫多妻，也為了維持子嗣血緣純正，乃單方面地要求女性守貞。這樣的社會安排，為當事人創造了一個新的社會身分，稱為夫妻或配偶，也是不符合一定條件不能改變的社會身分。形成社會身分的婚姻制度，維持到清末民初，直至訂立民法典的親屬編生效為止。

《民法中》的婚姻，與過去的觀念有個絕大的改變，須要結婚雙方自主的合意，以個人而非家族為合意的主體，這就真正造就了當事人個人之間的婚姻契約關係；是以性別平等為基礎的一夫一妻異性婚姻關係。

另一方面，刑法典中則以刑罰制裁有配偶爾與人通姦的行為，同時亦處罰相姦者。原先的禮教社會，重在制裁妻子的不貞行為，但因民國之後開始提倡男女平等，於是不問通姦是男是女，概行處罰。

然則何以會有那麼多法官聲請釋憲挑戰通姦罪違憲而能得到大法官的同意呢？一個原因是在於聚焦思考：是否應以刑罰懲罰違反婚姻忠誠的行為，以維繫婚姻關係？

此一思考的背景，與婚姻制度已從父系禮教社會的家族締約以祭祀祖先與延續後代的社會安排，轉向為當事人個人之間，「為經營共同生活之目的，成立具有親密性及排他性之永久結合關係」的私人契約，有直接的關係。禮教秩序中，社會安排遇到違犯時，要以施以刑罰做為回應，是「出禮入刑」的制式反應。但是個人間私人契約的違犯，需不需要乃至能不能由公權力介入而動用刑罰？立成疑問。

排他性的私人契約如果可以理所當然地拘束契約之外的第三人，其實反而是個社會問題。婚姻契約的排他性，存在於契約雙方的忠誠承諾約束，只是當事人間持續存在的相互要求，並不自動產生對於第三人的約束要求。因「雙務契約」而產生的配偶身分，不能產生像登記土地所有權一樣的絕對「對世性」。一旦發生違反約定的忠誠義務，當事人原得依據契約向違約方尋求救濟，包括請求賠償或解約（離婚）在內；當事人決定維持契約，並且宥恕違約行為，卻基於配偶的絕對身分，要求不是契約當事人的第三人受到刑事處罰，不是契約法的產物，而是因為還停留在已經不是法律的禮教文化思維之中的緣故。

大法官其實不是第一次遇到這個問題，民國九十一年即曾以婚姻制度具有「維護人倫秩序」、「養育子女」的社會性功能為理由，同意國家可以用刑罰處罰出軌的配偶（釋五五四），人倫秩序與刑罰的連結性，仍然清晰可見。

時隔十八年之後，大法官使用社會業已變遷為由，變更了前一則解釋。其實，社會確實發生了文化變遷，但是歷時甚長。第一次變遷發生在《民法》制定的民國初年；自上而下，澈底變法的決定，將幾千年間的婚姻制度，第一次從為了實現祭祀祖先與延續後代的家族間社會安排，轉變為個人間長期共同經營親密生活的契約。但是，制度的轉變容易，文化的轉變需要時間，直到民國九十一年之際，做成第一次憲法解釋的大法官，也仍未脫離對於婚姻認識的傳統文化思維。

直到第二次解釋，由新世代的大法官們再對通姦罪從事憲法評價的時候，才真正依照社會變遷後的新典範，理解婚姻的法律意義，而將婚姻從人倫秩序中釋放出來，成為以個人合意為基底的契約。一旦離開了出禮入刑的架構，就發現並沒有足夠的理由，發動公權力對個人的違約行為進行懲罰，更不能要求契約以外的第三人須受婚姻契約拘束，甚至須因介入契約關係而受刑事懲罰。

大法官在第二次解釋中，依照民法設定的新典範所賦予婚姻的新定義，其實是在不久之前的另一則大法官解釋（釋七四八）處理同性婚姻的問題時，即已出現；同樣曾經引起社會高度的注目。

大法官解釋，民法欠缺同性婚姻的規定，違反了《憲法》對於婚姻權的平等保障。其所採取的婚姻定義，就是當事人雙方為了共同生活，成立親密性及排他性的永久結合關係。數十年前訂立《民法》的時候，立法者當然只想到一夫一妻異性婚，絕無給予同性伴侶相同待遇的意思。嗣後《憲法》制定，引進了基本權利清單，而且在列舉的權利項目之外，加上了一項概括條款，對於制憲者未曾想到的人權項目，不排除可由後人加以闡明。之後大法官即已不止一次地指出婚姻權也是權利清單上應該包含在內的項目。

人們或許會以為所謂的婚姻當然只能是一夫一妻的婚姻，怎麼會有同性伴侶的婚姻在內呢？然則人權清單上的基本人權，是每個人都應受到尊重的權利。如果婚姻權只是異性配偶所能擁有的基本權利，那就不能稱之為基本權利。

也許有人會問，同性性傾向者也可以與異性結婚啊！大法官的回答是，性傾向屬難以改變之個人特徵，其成因可能包括生理與心理因素、生活經驗及社會環境等，國際專業機構均已認定，同性性傾向本身並非疾病。不妨這樣想，如果世界上是同性性傾向者居多，通過法律規定同性始得結婚，然後說異性性傾向者也可與同性結婚，對異性性傾向者會有什麼感受呢？

就像制定《民法》時是朝向一種新的社會典範發展的意思完全一樣，在制定《憲法》的時候，向無憲法文化的社會，決定訂立一分社會契約做為組織政府保障基本權利的依據，就已經注定了終要保障同性婚姻的將來。這完全是因為《憲法》是建築在人人平等的概念之上的緣故。

憲法社會保障每個人都有相同的基本權利地位，是在書寫民主憲法的第一天就已經決定的事。雖然過去的社會不是平等的社會，但是將來的社會必須是。在訂定《憲法》的時候，人們也許不能想像平等的社會是什麼圖象，但是隨著世代的發展，終會突破代際文化知識理解的侷限性。

同性婚的憲法保障，所打破的是性別差異形成的不平等。因為，只許異性婚而不許同性婚的法律規定，正就是基於一個人結婚對象的性別決定他可不可以結婚。當然就是性別歧視，而為《憲法》所不許。

其實，在通姦除罪化的議題上，又何嘗沒有性別歧視隱藏其中？父系文化濃郁的社會氛圍中，男性常被認為是優勢的性別，婚姻出軌的時候，女性配偶可能更願意繼續維持婚姻而選擇原諒其男性配偶，卻仍要求對於同為第三者的女性加施刑罰。雖然法律處罰通姦者的規定並不區分性別，但運作的結果卻可能是女性遭受處罰的人數明顯多於男性，即易遭受指責為間接的性別歧視或是事實上的性別歧視，而被評價為違憲。性別歧視因此而能逐漸消除的時候，就是平等的基本人權得到伸張的時候。

簡單地說，因為建立父系社會的禮教及人倫秩序而創造夫或妻的社會身分，其實是因為出生時的性別所決定的。根據當事雙方各自平等的意志所締結的婚姻關係，則是因契約而建立的。當婚姻制度因為制定民法而從前者轉變為後者時，同時又遇上一無憲法文化傳統的不平等社會，因為建立憲政文化而朝平等社會走去時，就開啟了從身分到契約的長期發展過程。同性婚姻合法化或是通姦除罪化，或許只是這個過程中出現的兩個例子而已。

德治、禮治、刑治，還是法治？

請教看倌們一個問題，如果看到一則新聞，有位您不認識的仁兄，遭到檢察官以誹謗罪起訴，成為刑事被告，法院判決無罪，檢方提起上訴，您會覺得這事有那裡出了問題嗎？如果有人告訴您，這樣的事情，在英國不會發生，您能猜得出來為什麼嗎？

憲法法庭在二〇二三年上半年處理了至少三個關於刑法的條文是否違憲的題目，誹謗罪是否違憲？公然侮辱罪是否違憲？就像通姦罪是否違憲的問題一樣，大多數的民意好像都不以為這些刑法條文有什麼問題。憲法法庭到底在想什麼呢？

答：憲法法庭要思考的是權利的問題，公權力要加施懲罰的時候，是不是已經侵犯了不該侵犯的權利。

問：權利？只講壞人的權利，為什麼不講被害人的權利？

答：被害人有權利啊，被害人可以根據《民法》主張權利啊！

問：可是，做錯事的人，就應該得到懲罰啊！

是的，誹謗是說人壞話，公然侮辱是罵人，通姦那就更別提了。法律就是用來懲罰壞人犯罪的，對不對？

也對也不對！怎麼不對呢？法律不會沒有懲罰的元素，但「法治」是以權利或正義為基礎的，不是以懲罰為基礎的。或者，法治是交由人民寫法律，不是由國王或政府寫法律。國會是立法者，是人民中間推出的代表，以人民的身分寫法律；寫法律的時候，先想想權利清單上的權利，法律無論怎麼寫，都不要否定最起碼的基本權利，這就是法治。

法治？懲罰壞人不就是法治嗎？

答案是，不是！因為我們不了解什麼是權利，沒有權利的觀念，就不會了解什麼是法治。法治，只能從知道什麼是權利開始，有權利才有法治。

想要懲罰壞人，該用什麼標準判斷誰是好人誰是壞人呢？用道德判斷，是不是？

還記得《說文解字》上法字的原義嗎？法，就是灋，就是刑，就是刑罰啊！刑罰，原本就是君王用來維持秩序、維護政權安定的手段；法家主張用刑以伸張君權，對君王而言，刑罰就是維持統治地位的必要手段。對君王而言，法就是刑，刑就是法。

還記得《論語．為政》篇裡孔子說的那段話嗎？

「道之以政，齊之以刑，民免而無恥；道之以德，齊之以禮，有恥且格。」

這話是對著法家說的，為政之道，要用德治、禮治，不要靠政治、也不要靠刑治！用德治禮治還是用刑治，正是儒家與法家論戰的核心。到了漢代，找到了折衷辦法，儒法合流，出禮入刑。用德治也用刑治。如果法就是刑，刑就是法，望文生義，刑治不就是法治嗎？可是清末決定變法，引進憲法，稱為法治，法治一詞，可不是刑治的意思。法治的意思是，法，以保障權利為始點，統治者必須守法，保障權利，才是法治。

法治，以權利為基礎，不以懲罰為基礎，也不以順服為基礎。

這裡面有個絕大的差別，法治是民主國的語言。民主國，是人民作主，由人民坐下來議定社會契約寫憲法，還必須由人民的代表開國會寫法律，人民寫的法，最重要的事就是，我們為自己訂的法，法上才會列出權利清單，寫上我們的權利，不許政府侵犯。為什麼這樣做？因為古往今來，要指望皇上訂的法律給我們權利？別傻了，誰是皇上，誰做政府，誰做統治者，想的都是要人民聽話，服從，寫出來的法必然都是滿滿的責任、義務，不會有權利的。

先寫下什麼是不可侵犯的權利，告訴政府，權力有什麼界限，再寫怎麼懲罰，懲罰才會有界限；才不會車裂、凌遲、炮烙、鼎烹、梟首示眾；才不會需要期待或歌頌君王的仁德與慈悲才能享受偶然的赦免。法治，就是先從寫下政府的權力要受拘束限制開始。

不理解什麼是權利，怎能理解什麼是法治呢？

討論某罪合不合憲，要不要除罪化，往往就是在討論，是要順應還是調整出禮入刑的法文化呢？除罪化的主張，往往就是希望抑制刑法的肥大，不讓它侵蝕法治，避免國家公權力過度主動介入私領域而成為道德的裁判者，管了許多不該管的事。

避免刑法肥大化，避免刑罰萬能論，就是控制政府以懲罰為能事的意思。如果政府是民之父母，從小教育孩子要聽話的父母，一定懂得懲罰的文化與重要性。但是父母的行為總會有不像父母的時候，孩子就遭殃了；政府的行為不像父母時，人民就遭殃了。一旦以為政府就是民之父母，人民遭殃的機會有多大呢？

一位研究法制史的學者以為，論者常忽略法家論法的前提是君主也要守法。像《商君書．修權篇》說：「國之所以治者三：一曰法，二曰信，三曰權。法者君臣之所共操也，信者君臣之所共立也，權者君之所獨制也。」君權雖可獨制，但法與信都是君臣共有，不可偏廢。漢文帝時，廷尉張釋之有言：「法者天子所與天子公共也。」（《漢書．張釋之傳》）道理相同[註]。

此論似乎有理，問題是商鞅說的話是法嗎？商鞅後來遭到車裂，也算是君王守法嗎？君王不可以車裂嗎？張釋之說的話，是天子必須遵從的法嗎？即使有好皇帝將法看成是天下的公器，皇帝不可自專；古往今來，有幾位好皇帝呢？哪位好皇帝不曾自專呢？君權獨制有無界限呢？誰可以為君權設定界限而且執行限制君權的界限呢？

如果沒有權利做為權力的界線，又怎麼確保人民不會遭殃呢？君王也要守法是君王自己的決定，他不能決定不守法嗎？《管子》早說過：「生法者君也，守法者臣也，法於法者民也，君臣上下貴賤皆從法，此謂為大治。」君是生法者，君王可以隨時生法、改法，又怎麼可能論為違法呢？法家奉君生法立法，卻期待君王聽臣子的話，不要隨意增法減法改法，不是緣木求魚嗎？沒有制君之法，沒有以人民的權利來限制政府權力的法，就不是法治，就只是君治，只是人治而已。

幾千年來，在出現第一部憲法之前，沒有任何限制君王或政府權力的制度性辦法，就是沒有任何保障人民權利的思想存在的緣故。

回到開始的問題，看倌們想出來有什麼問題存在了嗎？法院已經判決無罪，法律容許檢察官還可以上訴，是不是因為假定被告有罪呢？假設被告有罪，是不是因為已經採取了全知的觀點，知道被告是有罪的壞人呢？我不認識那仁兄，不清楚發生了什麼事，法官說他無罪，檢察官說他有罪要上訴，人們不以為異，不是因為假設有罪，寧可相信檢察官上訴有理，也不願意相信判他無罪的法官，又是因為什麼呢？

是因為凡是被告都是壞人，而我是好人，所以不會成為被告，是嗎？如果不幸在路上發生車禍，對方不幸死了，一定是您的錯嗎？只要代表政府追訴犯罪的檢察官將您起訴，列為刑事被告（罪名可能是過失致死），就一定是因為您的錯誤，您就是過失致死的壞人嗎？如果法院判您無罪，死者的家屬不滿意，於是檢察官又提起上訴，您覺得有道理嗎？您會不會覺得該有一種權利，任何人都不應就同一樁事、同一個罪名，接受兩次或無限多次的審判呢？法院判決無罪之後，就不能再假設有罪了，因為那也未免太危險了！沒有這樣的權利觀念，怎能防止檢察官對於無罪判決上訴呢？

英國不會發生此事，是因為每個人都有權利不受兩次審判有罪的雙重危險（double jeopardy），對於法院的無罪判決，控方不能上訴的緣故。而我國的法，到今天還不認識這個權利，所以還不保障這個權利。

德治、禮治與刑治，是德法社會始於儒家道德秩序的產物，就是德法不分，一元的社會規範文化體系。而自憲法以降所建立的法治社會秩序，則是道德的歸道德，法律的歸法律；二元的社會規範文化體系。德治與法治並行，各有功能，不必互相替代，而能成就多元的社會。

註：高明士序《唐律與國家秩序》。

朕家即是國家？

辛亥革命事成，若要問最能打動人心的是哪一句話，或許應推「天下為公」四字莫屬。

這四字出自《禮記．禮運》，是孔夫子慨歎魯邦禮廢而說出心中的理想，就是「天下為公」。他的話語，分為兩段，先是藉由遠古的傳說描述了值得憧憬的大同世界；繼則說明歷史發生變化，「天下為公」轉為「天下為家」的情景。他的願景常被後人引述，此處要談的則是他所不以為然的政治現實。其實孔子也不知道，他所慨歎的現實情景，還會再延續兩千餘年而難以完全消退。辛亥革命以天下為公為號召，要終結的則是愛新覺羅的，乃至於劉家、李家、趙家、朱家的家天下。

家天下是怎麼來的？孔子說，今天遠古的大道已不復見，天下為家。統治者都只親近他的親族，只把自己的孩子當孩子。財富與人才，都引為私用。尊貴的人世襲其位稱之為禮儀規矩，構築重重堅固的城池，以禮義做為紀律，來端正君臣關係，牢固父子關係，親睦兄弟關係，和諧夫妻關係，建立制度，界定田里，獎勵智者與勇者，使他們為統治者建功。接著就開始利用謀略，發動戰爭。夏禹、商湯、文王、武王、成王、周公，都是此中的佼佼者。這傑出的六位，沒有一個不講究禮制的，藉之彰明義務，成就誠信，追究過錯，以仁愛為典型，提倡謙讓，以綱常教導人民。統治者不這樣做，就會失去統治的地位，民眾也將之視為禍殃。這種政治境況不是大同，只能稱為小康時代。

當代考古學的發掘顯示，古代邦國的建立，就是始於城郭溝池的構建；而孔子的觀察，這正是家天下的開端，以一家一姓做為統治的中心，也就是有君斯有國的君主時代，將國中所有的資源人力都視為君王統治所支配的範圍。

「天下為公」與「天下為家」這兩種可以相互比較的政治境界，在畢生夢周公而追求克己復禮的孔子心中，即使是最好的六位家天下統治楷模所創造的統治局面，也只算是小康，遠不及天下為公的大同世界。孔子處於禮崩樂壞的時代，所提出的具體政治主張，也只能希望回到周初的盛世，也就是小康時代的高點；根本談不上如何進入大同世界理想的辦法。

孔子說天下為公，「選賢與能，講信修睦，故人不獨親其親，不獨子其子，使老有所終，壯有所用，幼有所長，矜寡孤獨廢疾者皆有所養。」其中強調仁愛的同理心，保障社會弱勢的觀點，躍然紙上；無怪乎兩千餘年之後，張彭春在草擬《世界人權宣言》的會議上，也要提及〈禮運〉中的大同世界，以證明東西思想在人權議題上可以交會，可以以之為具有普世性的價值。

然而，像是《禮記．大學》中教導個人為學立業的八個廣為人知的步驟，格物致知而誠心正意，而修身齊家，而治國平天下，仍然將家與國相連結，其實仍然只是基於家天下的觀念立論。就好像今天的中文詞彙，以「國家」稱呼國、自動將國與家相連的思維，如出一轍；其實也仍然不脫忠孝對接，以之解釋君民關係；也就是將家庭之內的人倫關係推廣到政治治理的領域，形成家天下的政府就是民之父母的論述格局。

君主國始於君王，君王的家族變得重要，必是因為王位繼承人須從宗族中產生之故：封建王朝的基礎固然在於此，《漢書》上記載劉邦刑白馬而盟曰：「非劉氏而王者，天下共擊之」，道理也在於此。只是「白馬之盟」與《大憲章》有個本質上的不同，「白馬之盟」是皇帝用來約束功臣們的約定，以確保自己的後代可以延續其統治權；《大憲章》則是領主們用來約束君王，取得君王的承諾以使自己得享可以據之而為主張的權利。有君主始有國家的思想，其實東西方均可見之。一六五五年法王路易十四在法院中說：「朕即國家」，則應屬西方的著名代表。

《世界人權宣言》中，強調人類平等，提倡保障弱勢的經濟社會文化權利，與孔子描述的大同世界景象，確有可以互相輝映之處，但是《世界人權宣言》也有一個孔子時代並不存在的觀念，正就是權利的論述，要用一張基本權利清單來確保權利受到所有統治者的尊重，必須做出不加侵犯的承諾。

儒家固然懷著依仗倫理道德禮教來約束統治者的高貴理想，但其敘事的觀點基本上是從統治者的角度出發，王天下的觀念、民之父母的觀念，莫不如此；〈大同篇〉中說「三代之英，丘未之逮也」，亦是如此。即使誠正修齊的論述所談的是知識分子的人格修養，宋代理學據而生「為天地立心，為生民立命，為往聖繼絕學，為萬世開太平」的豪情壯語，其終點都是以治國平天下的統治者自居。統治者是發展不出權利思想的，只有向統治者主張應受到起碼尊重的被統治者，才會發展出使用權利觀念來有效拘束統治者的辦法。

其實孔子說的道德主體，君子或士，君子是君王的後嗣（如小宗），士則是最低的貴族階級（甲骨文中指雄性，金文中泛指官，《說文》則謂「凡能事其事者稱士」），原都具有貴族的身分，過去曾經是而未來也可能是統治者。與君子有別的所謂小人，其實是不能接受貴族教育因而欠缺道德教養的庶人，屬於另一種身分。儒家教導如何治國平天下，基於統治階層的身分意識，自然會假設教育可以變化統治者的氣質，不會假設權力壞人，會有終致不可救藥的危險；其不足以產生權利思想，自然也完全沒有違和之感。

國者人之積，基於權利思想建立的以人為基本單位的國家，與基於君主家族之身分所建立的家天下國家，具有本質上的不同，是理解什麼是民主國家的核心觀念。

法律之前人人平等？

《左傳》記載，子產說：「人心不同，各如其面。」從外觀上看，這個世界並不容易得出人生而平等的思維；必須一問，人究竟是平等的還是不平等的呢？

不論人不平等，或是人人平等的觀念，都不是個事實命題，而是價值命題；這個價值觀的形成，則是歷史經驗的累積。人類歷史的共通經驗，是長期基於人不平等的價值觀念運作之後，在最近的數百年間，開始體會人人生而平等的價值觀，普遍以之為基本權利，終則形成了憲法典中的規範。

像是古代中文世界所說的出禮入刑，就是不平等社會的產物，也曾長期地繼續形成不平等的社會關係。

《禮記．曲禮》：「夫禮者，所以定親疏，決嫌疑，別同異，明是非也。」儒家禮教所構建的，原是一個身分等差的宗法社會。對於周公所制訂的禮制，其實道家與法家的看法也無不同，《淮南子》上說：「夫禮者，所以別尊卑貴賤者。義者，所以和君臣父子兄弟夫婦人道之際也。」《管子》上則說：「登降揖讓，貴賤有等，親疏之禮，謂之禮。」而《荀子》亦云：「先王惡其亂也，故制禮義以分之，使有貧富貴賤之等。」、「禮以定倫。」、「故尚賢使能，等貴賤，分親疏，序長幼，此先王之道也。」

各家言禮，其共同之處在於，禮制所建立的就是身分等差分明的社會人倫秩序。

值得注意的是，此中的「等」字，做名詞用，是「等第」的意思；做動詞用，是區分等第的意思；「等差」是「等第差別」；「等之」的古代用法是「區分等第」，而不是「使之平等」的意思；而古時使用「平等」一詞，原是指「同一等第」的意思。簡言之，「等」字顯示的就是不同的等第存在。區分等第的目的，則是建立順序（就是順服的秩序），以求社會安定和諧的意思。

身分等差階級的頂端，是稱為皇帝的天子，自商周以來，自稱為「予一人」、任何人都無可匹敵的政治領袖，也就是唐朝張蘊古對唐太宗說的那句話：「故以一人治天下」。其實，接下來的那一句話，是否真能「不以天下奉一人」，向來也是由予一人所決定；因為此語而受到拔擢的張蘊古，沒幾年就忽然遭到予一人處決了。即使說「王子犯法與庶民同罪」，這句話也只能用在王子身上，王子不是王，王是不會與民同罪的。不平等的禮教宗法社會，最高的指導原則就是，建立以帝王為予一人的政治秩序，及其權威維穩。

可能因為身分等差是建立人倫禮教和諧順序的基本元素，描述平等的中文詞彙，不乏與敵對意識連結而帶有負面意義者，例如敵手、勢均力敵、兩相匹敵、旗鼓相當、分庭抗禮、互為敵體等等皆是。如認此中含有平等乃是陌路或是敵人間的關係狀態，相互熟識而關係親密的人們之間側重長幼有序而不尚平等的文化意涵，當也不無道理。

與平等類似的觀念，並非完全不曾出現於孔子的話語之中，例如「有教無類」，將學生不分人種一視同仁的態度，就備受稱道，然則這只是一位偉大老師的教育態度，並不等同於帝王治理的原則。孔子又說：「人不獨親其親、不獨子其子。」而孟子也說：「老吾老以及人之老、幼吾幼以及人之幼。」張彭春以之為與平等相通的同理心與仁愛思想，而與西方的人權觀念相互印證。可惜這幾句話都只是孔孟心中的道德理想，從來不曾是政治現實；縱使滿心希望其發生，卻迄至清末也從無足使其發生的制度設計存在。

使用「平等」兩字加以表達的平等觀念，真正進入中文世界，早先也只是限於佛經言眾生平等的場合。迄清初蒲松齡寫《聊齋誌異．商三官》一折中，形容優伶「姿容平等」，或十七世紀時李漁寫《意中緣》中謂「嫁個平等丈夫」時，「平等」一詞都尚是取其「中等或平常」的詞義而已。

普遍使用「平等」來表達「無差等」的意思，已經要到晚清才出現；不難想像此事可能招致非同小可的文化反應。

一八七四年滿籍大臣志剛於出使西方三年後將周遊各國歸來時的奏摺出版為《初使泰西記》一書，形容西方「於父子君臣而概行之以朋友之道者，非其性然也，其習使之然也。其習之所以然者，由其教使之然也」、「彼既以天為父而尊之親之，至其君若父亦不能不以父為天，則安之其子與臣於其父與君不得不以雁行而視之矣」。即為一例。

嚴復在一九〇三年的譯作《社會通詮》書中，指出：「宜乎古之無從眾也。蓋從眾之制行，必社會之平等，各守其畛畔，一民各具一民之資格價值而後可。古巴宗法之社會，不平等之社會也。不平的。故其決異議也。」

嚴先生發現，民主社會必須是平等社會；不平等的社會，不會尊重持不同意見的少數，而會以異議者為敵而加以處決剷除。其將政治平等做為社會結構的前提，說得何其透澈？為當時所僅見。

前文提到沈家本奏議廢奴，以之為立憲國家保障平等權利的必要舉措。更已就立憲的意義，為清廷下了一個極其關鍵的註腳。

態度更為激進的，則有如六君子之一的譚嗣同，一八九七年在他探究「平等」的著作《仁學》中以為：「人人能自由，是必為無國民。無國則畛域化，戰爭息，猜忌絕，權謀棄，彼我亡，平等出；且雖有天下，若無天下矣。君主廢，則貴賤平；公理明，則貧富均。千里萬里，一家一人，視其家，逆旅也；視其人，同胞也。」這般論述應是在描述一種無君主而政治平等與經濟平等的境界。

一九〇七年，黃侃則更說出驚世的話語，若不能將中國改造成一個平等的社會，「當以神州為巨塚」。凡此俱可見「平等」做為一種新觀念，曾在社會菁英間帶來了何等的人文思想衝擊。

這些展現在觀念上的巨大衝擊，當是認知到民主共和國的法律秩序須要建築在人人平等的價值命題之上，實與過去宗法社會崇尚身分等差、階級不平等的價值觀截然相反；也就是當要以之做為變法的基礎時，必然會出現的政治社會景象。

在民國成立之後，開始書寫新的法律制度從而追求制憲的當兒，真正的變法就正式開始了。表現在民法上的平等新觀念，最明顯的改變，就是男女平等的一夫一妻、以夫妻為當事人締結契約的新婚姻制度。表現在憲法上的平等新觀念，則就是位於憲法明文載入的基本權利清單上，地位顯赫而列為首條的平等原則。

在《憲法》中將「平等」列為權利清單的首條，是制憲之前，無論出之於官方或民間所擬具的各種憲法草案中，一個有趣的共同特徵。當制憲完成之際，是世界上極其少數將平等列為權利清單之首的一項範例。這也不應令人意外，因為人權清單上載列的各種權利，都是在政府眼中必須視之為彼此平等的人們，同樣需要受到政府尊重的、人之所以為人的名分之所在。唯其平等的人都應有的，乃能稱之為基本的權利。

《憲法》規定平等原則，還有一義，就是法律不可以任意使用種族、性別、階級、宗教、黨派，做為區別人民的標準。此中種族、性別與階級，都是與生俱來而非個人可以改變的屬性，以之做為區別權利義務的標準，極不公平，為《憲法》講究平等的重大禁忌。

人人都同樣享有人之所以為人的基本權利，不受法律使用憲法所禁止的區別標準形成歧視，就是法律之前人人平等的要義。

做為萬法之母的《憲法》寫成而施行時，變法的基本規模，就告粗定完成了。而變法，只是法律制度的改變；原來的制度背後的社會文化，仍然存在。這並不是社會文化的變遷帶來法律的變遷。恰恰相反，這是用法律制度的變遷來引導社會文化的變遷。法律的變遷只要改寫法律即可迅速完成；社會文化的變遷則必然是緩慢而漸進的，可能落後於法律文字的變遷。往往需要經過數個甚至更多的世代進行體驗，以數十年甚至數百年的歷史縱深，才能真正消化社會文化的變遷，終而逐漸變化出異於過往的社會文化現實。

人是平等的，法是人民共同的決定，無人可以在法之上，不受拘束，就是法治。其實，人沒有一樣的，法律之前人人平等，不是要使得人人一樣，而是要透過法治追求人人都一樣能成就自己的不一樣，那一種天下為公的境界。這是憲法所賴以建立的價值命題與境界。

君主國、黨主國、民主國？

從滿清的君主國，轉變為寫成憲法典以建立一個民主共和國，費時近四十年。這個變化的過程之中，其實還經歷過一個中間階段，可以黨主國稱之。什麼是黨主國呢？

民國元年，南京政府參議院通過用來規範並約束統治權力的臨時約法，於民國三年遭到袁世凱大總統召開約法會議修正通過而更名為《中華民國約法》，將民主國的國體改為民本國；雖然分設了立法、行政、司法三種機關，但是由元首兼行政首長的大總統總攬統治權。大總統無任期，也無繼承規則，實行一人之統治，正是袁世凱欲行稱帝的前奏。袁世凱不久身歿，袁記約法難以為繼；乃可知為一人寫法，其法壽命不永之理。

之後的民國陷入軍閥混戰，直至國民黨北伐軍事結束，定都南京，於民國二十年公布施行《訓政時期約法》；此後直到民國三十六年《中華民國憲法》公布施行之前，國體都處於黨主國的型態。

《訓政時期約法》所寫的國體是「永遠為統一共和國」，但顯然只當是未來式而非現在式，雖然也設有望似權力分立的五個機關，但是因為其中明白寫著一個條文，就必須稱之為黨主國：

「訓政時期由中國國民黨全國代表大會代表國民大會行使中央統治權。中國國民黨全國代表大會閉會時，其職權由中國國民黨中央執行委員會行使之。」

約法將特定的執政黨的名稱寫入，只因為它是開國的革命政黨，意即無此黨即無此國。各個政府部門的人事，悉聽同一個政黨安排指揮，其實是權力集中而不是分立。約法第二章規定了權利清單，但都加上了可由法律加以限制的條件；法律則是由執政黨議定，其結果就是執政黨可以決定要不要限制、要限制多少權利；人民恐難有真正的權利可言。雖然其理論是要由執政黨「訓練人民行使政權」，事後確實也完成立憲與行憲，由執政黨還政於民，但實施訓政的十五年期間，不是君主國、不是民主國、不是共和國，而是黨主國無疑。其實訓練人民行使權利，只是空話一句；黨若不懂得什麼是權利，如何有資格「訓練」人民行使權利？懂得什麼是權利的黨，就不會自詡自己掌握決定誰有什麼權利的終極權力！

事實上中華民國在行憲之後，還有為時不短的一段期間，也就是在所稱的戒嚴時期或是動員戡亂時期之中，即使已經組成了《憲法》明定的民主共和國，但黨主國的習性仍然存在。在執政黨之外，並不容許任何可與之公平競逐的政黨存在，黨主國的文化仍然明顯持續，妨礙也延緩了民主共和國所應有之憲政文化的形成。這似乎是一個毫無憲政傳統的國度不能逃免的學習歷程，所必經的發展之路。

直到解嚴之後，恢復了國會全面民主定期選舉，也採取了總統直選，可以成立反對黨公平競爭，而且反對黨足以因勝選而取得執政權，證明了民主共和國真實存在，才能確知立憲的嘗試初告成功。

黨主國可與君主國相互比較。君主國來自有君才有國的思維；因為君主國是君王建立的。黨主國則來自有黨才有國的思維；因為黨主國是政黨建立的。君主國的君主予一人，君說了算，也以君主之名立憲。黨主國的執政黨則是予一黨，黨說了算，人民委託執政黨執政，執政黨立憲，執政黨的名稱入憲。

這些是兩者不同但頗為相似之處，還有什麼大不同呢？君主是一個人，政黨是一群人。不過君王也有群臣；如果黨的領袖也是一個人說了算，恐怕也和君王差不了多少了。

更重要的差別是執政的正當性。君主立國的正當性有幾種，我武維揚、無人能當（如秦始皇），五行終始、奉天承運（如秦始皇），天命無常、惟德是輔（如周武王）。簡單地說，就是君權神授；所以國教信仰與祭祀祖神，就是國家大事。

政黨立國的黨主國呢？天命說已不可恃。既以開國政黨自恃，乃會將其正當性訴諸拯民於水火的功勳。但因為任何功勳只屬於開國的世代，乃必須另外倚賴政黨提出的治國理念，做為正當性的標榜，懸之為顛仆不破的真理，甚至強迫接受。

這條路徑，帶有極大的風險。既是以開國政黨的身分獨佔執政位置，自不願意承認政黨平等，公平競爭；又因為要將奉行的理論引為真理，做為執政的憑藉，就必須隨時證明其理論的正確與優越，乃會壓抑相反的觀點，不會容忍言論自由。黨主國終會進入政黨獨裁，政黨內變若也是個人獨裁的局面，黨主國也必定成為獨裁國家。正就是希特勒的例子。

所以政黨是由上而下的、外造的威權政黨，還是由下而上的、內造的民主政黨，差別極大。其實黨主國的政黨如果是真正的民主政黨，大概也不會出現黨主國了。黨主國中，必須要了解執政黨如何運作的內在規則，才能了解統治權運作的方式。但是外界人士不會知道規則是什麼，甚至連有沒有規則，會不會遵守規則，也不會知道。

黨主國與君主國還有一個不同，就是權力繼承的規則。君主國的繼承規則通常是血緣關係，譬如非劉姓不王，但是由誰決定那個劉姓是王呢？通常也沒有明確的規則。黨主國的繼承人則必然是黨員；取得黨籍與喪失黨籍的規則，必然是由政黨決定，但黨員人數通常多過皇帝的子孫，究竟由誰繼承，也須要規則，但恐也不會有透明的規則。此中意味著黨主國國家領袖的產生，可能形式規則（國家領袖由黨的指定）透明，而實質規則（黨如何產生黨的領袖）不透明。

另一個風險是，開國政黨獨佔執政的優勢地位，不許其他的政黨公平競爭，以獲得執政機會而成立的政黨，自然不會順服，出現了有為者亦若是的政黨，也會打算自建一個新的國家而走上革命以反抗暴政之途；一旦革命成功，新的開國政黨又誕生了，也可能是下一個黨主國的開始。若是如此循環不已，民主共和國永遠不會成功。

最後要說到人民權利的有無。黨主國，所有的國家機關均由黨控制。人民有沒有權利，有多少權利，也是由黨決定。其實，這樣的權利，來自恩賜恩賞，不是權利。權利是人民可以依法主張，並透過一個獨立運作的機制，強制統治者必須給予應得的一分。在黨主國中，人民長期享有真正權利的機會不高。

君主國，君主立憲，基本只會是君王政府的組織法；如果君不答應有權利，就不會有權利；答應了不兌現，就會出現要求君王兌現的權利帳單。在權利清單出現前，即使只有權利觀念，沒有確保權利兌現的法定程序存在，君王反悔不認帳，也是枉然。

民主共和國是民主國與共和國的合體。其正當性具有雙重法理基礎。

其一，它是由人民根據其共有訂立的社會契約，也就是憲法，所組成的國家；在人人平等的價值基礎上，以一人一票、票票等值的多數決方法，產生國家的決策。以人民為主人，依從人民的意志行事，是民主國的正當性基礎。

其二，它寫下每個人都不容侵犯的基本權利，使用共和的方法，將政府拆分為數個部門，使之透過理性商量的程序、深思熟慮再做決定，從而彼此節制，防止任何一個部門任性獨裁，用以確保每個人都能享有人之所以為人，像個主人的起碼尊嚴。透過理性思辯做出審慎的決定，這是共和國的正當性基礎。

民主共和國的意思是，民主須透過共和實現，共和不能缺乏民主。國家的事務，不容少數人獨裁，多數決也不該任性立法，每個公民都自有自得其安身立命的位置。只有民主共和國的法治原則，才是追求並能帶來以人民基本權利的終局實現。君主國不是，黨主國也不是。

天下定於一尊？

《孟子》說：「天下惡乎定？曰：定於一。」孟子這段話，原是說個願望給梁襄王聽，希望天下能出現一個不嗜好殺人的君王，使得天下人民都願意自動歸附，而能成就一個對人民不構成生命威脅的政治社會秩序。

孟子這個願望的背後，是一殘酷的現實世界，當時的人君顯然普遍具有殺人的嗜欲！孟子的願望則是能夠出現不嗜殺人的人君，天下的百姓都會投奔歸附，以一種安全的、安定的政治秩序取代其他皆嗜殺人的君王。這其實只是個卑微而素樸的政治願望。不過，孟子看到了人君之惡（嗜好殺人），希望能有不嗜殺人的君王可供投奔，但似乎並未在根本上質疑君主制度的制度之惡。

孟子沒有說服梁襄王。其所說的「定於一」，之後出現了與其王天下之願望相背的發展。《史記．秦始皇本紀》中記載，始皇採納了丞相李斯政治秩序絕對定於一尊的建議：

「今皇帝并有天下，別黑白而定一尊。私學而相與非法教，人聞令下，則各以其學議之，入則心非，出則巷議，夸主以為名，異取以為高，率群下以造謗。如此弗禁，則主勢降乎上，黨與成乎下。禁之便。臣請史官非秦記皆燒之。非博士官所職，天下敢有藏詩、書、百家語者，悉詣守、尉雜燒之。有敢偶語詩書者棄市。以古非今者族。吏見知不舉者與同罪。令下三十日不燒，黥為城旦。所不去者，醫藥卜筮種樹之書。若欲有學法令，以吏為師。」

於是，天下果然定於一尊，以好用嚴刑峻法、耗費民力的秦始皇為尊。秦王朝中，車同軌，書同文，以吏為師，不但統治定於一尊，也強制思想定於一尊。絕對的王權建立的專制政治秩序，從此決定了此後兩千餘年的中土世界政治格局。漢代取法秦制定於一尊的政治秩序，既似獨尊儒術同時也出禮入刑，儒法並用，直至清末，雖然王朝更迭，但歷代皆是「以予一人治天下」，而德治、禮治與刑治兼施的同時，有治人還是治法的討論，卻無權利與法治的思想。

民主國家，主權在民，與定於一尊的君主國顯然不同。人人平等，沒有予一人的存在。誰也不比誰更尊貴，每人一票、票票等值，採用多數決的方式做決策，沒有一尊；多數也不能稱為一尊，因為在每項決策上，所自由形成的多數，其組合並不相同，即不該有定於一尊的情形。

況且多數決民主仍然設計權力分立的機制，也是在避免以多數之名，使得一切定於一尊。國會多數所通過的法律，有賴行政部門自行形成執法政策加以執行，遇有爭訟的時候，則由非民選的司法部，也就是法官獨立審判，做成拘束訴訟當事人的判決。每位法官都是獨立審判，在司法部門之內，也不會出現恆定於一的景況。

簡單地說，民主國的民意政治，加上共和國的權力分立程序，是能夠防免定於一尊的獨裁權力出現的重要原因。

定於一尊的權威意識，與權利救濟間存在什麼樣互斥的作用呢？

定於一尊的權威，必然位於決策程序的終點。在缺乏權力分立的制度中，也可能出現減少或糾正錯誤發生的程序設計，但是程序的發動者與程序的終結必然歸於一尊。蘇東坡在〈刑賞忠厚之至論〉中描述三殺三宥的程序反覆，即與唐太宗建立三覆奏、五覆奏程序的場景旨趣相近。但是或殺或赦，一聽於王意，仍然還是決策定於一尊，也就是《尚書》上說「皇建其有極，歛時五福」、「會其有極、歸其有極」的意思。而三赦、五覆議的不厭其煩，當然不是基於保障權利的思想，毋寧是以彰顯王的權威與權威中的仁慈為其著眼。

有權利必有救濟的法治程序，則必然與此異趣。首先，權利必須是來自成文法的賦予；其次，法的存在是確保掌權者遵從法律的規範，沒有人位於法之上，則是法治國家的法的特徵，只有權力分立的制度才能達此境界。權力分立是一種確保權利可以得到救濟的程序，也正是「定於一尊」之反，就是權力不可定於一尊的意思。不論是立法權或者行政權（乃至司法權自身）侵犯個人的基本權利時，都有從獨立的司法審判權力得到救濟的機會。獨立的司法，不受其他政治權力部門的干涉，是法治程序的終點。

許多民主法治國家的憲法仍舊保留了舊日國家元首的赦免權力，但是動用赦免權，常被視做法治程序的例外，用得多了，就容易因其經由法外施恩顯示終極政治權威的作用，遭受「不知尊重司法」的批評；因為只是恩賜而非權利，也會有君王復辟的感覺。

尊奉定於一尊的掌權者權威，所尊奉者是終極的權威，而且是唯一的權威，因此不會出現任何強制掌權者實現其善治承諾的思維，自也與權利的觀念絕緣；同時亦必缺乏為求權利實現的制度性程序設計。

定於一尊的權威如果仍然在世上存在，那就只能存在於人民全體通過憲法典的權威，而不是寄託於任何單一的掌權者，無論其為個人、家族或是政治團體（如政黨）。

而憲法，做為社會成員間的社會契約，而非社會與國王之間訂立的契約，是將政府應受拘束的正當性建立在人民共同的決定之上，而不只是因為國王曾經如此同意而已。根據社會契約設置的任何權力機關，都不是社會契約的當然締約主體，而只能是契約的客體，都同樣負擔尊重並維護社會契約主體之基本權利的規範性義務。

彼此身分全然平等的圓顱方趾之人，享有同受社會契約所設計的權力分立程序機制所保障或提供救濟的同等基本權利，而不受制於任何權力機關的絕對權威。憲法如果樹立了任何定於一的社會秩序，那就是權力不得侵犯個人基本權利的社會契約秩序。

雖然，沒有憲政傳統的社會，要將定於一尊的掌權者權威，替換成尊奉民主憲法而成就法治社會，不會沒有文化上的困難與障礙，需要回頭觀照、省察、反思與理解。這也正是寫作本書的重要因由之一。

憲法有何制裁？

提供人民基本權利保障的憲法，不只是某種理想性的政治宣言；憲法是法，包括一部憲法典，由一條一條的規則所組成，是具有拘束力的成文規範。法，都應內容明確而具有強制性的拘束力，以確保它會受到遵守。憲法既是保障權利的法，有權利即有救濟，憲法提供權利救濟的基礎制裁是什麼呢？它又如何保障憲法受人遵守呢？

回答這個問題之前，要先問另一個問題，憲法典是用來拘束誰的成文法規範呢？是期待誰加以遵守呢？誰有遵守憲法的義務？是人民嗎？

憲法與其他的法律最大的不同，在於憲法是用來拘束統治者的規範；它規範的對象是主政者、是統治權力、是國家與政府，不是人民。以《中華民國憲法》為例，其中唯一以「個人」為對象而課予《憲法》義務的條文是第一三九條：「任何黨派及個人不得以武裝力量為政爭之工具。」即使是這一條，其所拘束的真正對象，也是有實力使用武裝力量從事政爭的政黨與個人；並不是一般手無寸鐵的平民。這條規則的背後，是要求有實力替代原有統治者登上統治者地位的人，要以和平方式為移轉政權的原則。因為憲法業已提供了民主選舉的和平手段與公平競爭的場域，即無理由使用武力改換統治者。民主憲法的價值，就在確保政權可以和平移轉，不必流血。

在專制獨裁的社會，想要從統治者手中取得執政的權力，往往要冒著生命危險，以武力革命的方式達成目的；很難避免流血的亂局同時帶給平民不可測的風險。革命失敗的可能身首異處，革命成功的則鮮有願意將使用生命或鮮血換來的碩大政治權力拱手讓人；於是墮入下一個獨裁與物極必反的另一場革命的惡性循環。而平民的身家性命與幸福財產，都將缺乏制度性的保障，這正是中土世界數千年來政治環境的歷史寫照。

民主憲法則是以和平的手段，藉由數人頭的定期選舉取代打破人頭的暴力革命，確保長治久安可以為每一個平民帶來身家性命自由與財產權利的安全。

拘束人民的法律，對於違法的行為，常常伴隨著制裁，嚴厲的甚至可能是剝奪生命、自由、財產的刑罰。憲法用來拘束統治權力，有什麼辦法強制有權者遵從其規範呢？憲法中似乎看不到刑罰甚至也無任何懲罰存在，能稱之為法規範嗎？

說一個真實的案例。民國八〇年代初有場立法委員選舉，結果揭曉之後，不日即有落選者發動刑事訴訟控告同一選區當選連任的立法委員賄選，同時提起當選無效之訴，主張賄選行為應使當選無效。當時的法律只規定計票錯誤可以成為當選無效的事由，並未明文規定賄選者當選無效。地方法院的判決，則認定賄選行為存在，除判處十四年有期徒刑外，也判決其當選無效。

當時的法律並未規定賄選者當選無效；法院判決引用的依據則是《憲法》第一三二條：「選舉應嚴禁威脅利誘。選舉訴訟，由法院審判之。」因為《憲法》此條已將選舉的法律爭議交由法院審判；法院以為賄選正就是「利誘」的行為，《憲法》明定應予「嚴禁」；當時計票錯誤是當選無效的法定事由，賄選行為之惡遠比計票錯誤嚴重，計算錯誤尚且當選無效，《憲法》要求嚴禁賄選，依照「舉輕以明重」的法理同樣宣告當選無效，才符合憲法的意旨。法院的判決促成了修法，將賄選增列為當選無效的事由。

這個案子顯示了憲法如何發揮其規範政治行為的作用。政治實力人物參加選舉就是走向取得政權之路，就是《憲法》嚴禁選舉威脅利誘的規定所限制的對象。對於賄選者加課刑罰是刑法的規定；並非《憲法》本身加設的制裁。但是本案中法官判決當選無效，則是來自憲法的強制作用。對於違反《憲法》規範的政治人物，最有效的《憲法》制裁就是使得他的行為失去合法效力，從而喪失行使權力的正當性。

我國《憲法》以此做為防止權力違憲之一般性的制裁方式，直接寫在第一七一條：

「法律與憲法牴觸者無效。法律與憲法有無牴觸發生疑義時，由司法院解釋之。」第一七二條：「命令與憲法或法律牴觸者無效。」此處確立了憲法位於法律秩序的頂端，乃是最高的規範，正是當時定名為「憲法」，取其為「上法」或「較高法」之義的緣故。而其規定違憲的法律或命令歸於「無效」的意思，就是使得違憲的法律或命令在法律秩序中「缺席」，不再具備政府行為通常具有的支配作用。這項規定，正與美國一八〇三年馬布里訴麥迪遜案一案宣告立法權與行政權同受憲法約束而不容違犯的道理，完全一致。

「違憲則無效」的制裁，是針對政府機關所為的違憲舉措（包括法律、命令、處分、裁判等等），交由司法部門進行違憲與否的論斷，奪其效力而使之失去支配作用。政府機關出現違反憲法誡命的舉措，一旦不被承認是政府可以用來指令人民行事的舉措時，有如釜底抽薪，就是最直接也最有效阻止政府目無憲法濫用權力行事的制裁方式。這是憲法上最基本的制裁。

信不信由你，同樣的觀念也曾在中國歷史上出現過，而且曾經直達天聽，《太平御覽》中記載：《韓子》曰：晉平公與群臣飲。飲酣，乃喟然而歎曰：「莫樂為人君，惟其言而莫之違！」師曠侍坐於前，援琴撞之。公披衽而避，琴傷於壁。公曰：「大師誰撞？」師曠曰：「今者有小人言於側者，故撞之！」公曰：「寡人也。」師曠曰：「嘻！是非君人者之言也！」左右請除之，公曰：「釋之，以為寡人戒。」

韓子是韓非子，轉述師曠所說的道理就是，王不似王，則不把他說的話看成是王說的話。是則和芮良夫在《逸周書》中的想法異曲同工，卻少受中文世界重視。幾千年來只能期待仁君自制，卻發展不出拘束王權的制度，學習什麼是憲法，必須要向西方取經，不是沒有原因的。在英國，是用「國王不能為非」一語表達相同的意思。

《憲法》上也還存在其他的制裁。前面提到經由法院認定並宣告賄選者當選無效做為制裁，亦是道理相同的例子。又如憲法規定公務員不法侵害權利清單上的基本權利，應依法受懲戒、負擔民事、刑事責任，人民另外還有依法律請求國家賠償的權利。此處《憲法》並未自行規定制裁的具體內容，而是責成法律加以規定。同時《憲法》也明文規定司法院為審判民事、刑事、行政訴訟與公務員懲戒案件的最高司法機關；相關制裁均是以司法審判程序行之（第七十七條）。

《憲法》還對國家元首設有制裁的規定，值得說明。先是明文規定了誓詞，要求總統於就職前對人民宣誓遵守《憲法》（第四十八條），之後則規定了總統豁免刑事制裁的範圍（第五十二條）；大法官曾經不止一次解釋，此條豁免刑事責任的規定，其意旨是規定總統僅於在任期間不受刑事追訴，任滿或離職之後就其任內的行為仍負刑事責任；犯內亂、外患之罪時，雖在任內仍受追訴。憲法業已預設了內亂外患行為的刑事制裁，但刑罰的具體內容，仍由法律規定。

《憲法》是設有制裁憑以實現人民基本權利的法，了無疑問。

其實，憲法中還有一項非常重要的規定，看起來不像是制裁，但可能卻是比任何制裁都有效的預防機制；它曾經在動員戡亂時期受到凍結，在廢止動員戡亂時期之後恢復了適用；那就是《憲法》第四十七條，並以憲法增修條文第二條第六項重寫了一次：總統之任期為四年，「連選得連任一次」的規定。

總統，在憲法上，是取代國王而成為國家元首的職位；在許多人心目中，選誰當總統，可能就是由自己投票選出民主時代的聖王。

然而憲法這條規定，直白的意思就是說，當選總統的人不論他是誰，當他掌權八年之後，就可能會有深知如何濫用權力之惡，也就是可能成為惡到沒有資格再擔任國家元首之人。這是馭王思想預防權力為惡的真正殺手鐧。當年如果沒有凍結此條，總統不能無限期連任，台灣解嚴說不定會早些時間發生也不一定。

對於任何一位總統的選民而言，其投票選出的對象不會是個惡人；在缺乏馭王思想的傳統文化之中，選民們恐怕很難相信、大概也不容易承認，經過自己投票選出的那位好人總統，過了八年之後，就很可能會變成一位沒有資格再擔任總統的危險人物。他如果可以再選，可能還會投票給他。

而憲法這條規定，其實就是為了防免「權力腐人，絕對的權力絕對腐人」所為的設計。不信任何人會是「斯人不出奈蒼生何」的聖王，八年之後一定要換人做做看，就可避免聖王利用權力為惡的絕大風險。

不許總統二度連任，談不上是制裁，卻是比制裁更為有效以預防權力危害人民權利的制度安排。

權利從何而來？

權利權利，每個人都該享有權利，權利究竟從何而來？以下是幾個可能的答案，角度不大一樣，但是可以聯立，互不排斥。

權利自憲法來

始自《大憲章》的權利觀念，從何而來？曰從憲法來。憲法於起始時是何物？是與君王訂的城下之盟，迫使君王答應受人尊為君王的交換條件，寫成書面，不許反悔；人們又擔心君王反悔，在契約中寫著君王不守信用時，可以強迫其遵守承諾的辦法。之後則要求君王將主權移轉給人民代表所組成的國會，再次簽下必須給付的權利帳單；而且同時又同意交由國會決定王位繼承的順序與方法。國會中的人民代表，則養成了前事不忘後事之師的行事慣例，容其養尊處優，但已然剝奪君王的權力至盡，以防復辟。《權利清單法》雖然也是國會立法，但它對於其他的法律恆居於優先適用而不容篡奪的位置。

到了美國建國，已無君王之位存在。乃由平民共同締結社會契約，稱之為憲法典，其中列載了基本權利清單，將政府拆成數個各自獨立、互不隸屬但又彼此制衡的部門，做為實現權利的屏障。包括權利清單在內的憲法條文，國會做為立法者也不能制定法律加以冒犯。立法機關可以制定民法賦予人民權利，但也可以修改民法除去賦予權利的規定。憲法典上賦予的權利則非國會的法律可以修改。民選的總統則必須執行國會的法律。美國的成文憲法典，成為舉世各國書寫成文憲法的藍本。而權利，也開始成為一個需要更多理解的普世性概念。

不論是否有成文的憲法典，權利，自憲法及法律來；自權利清單來；自民主法治來；自權力分立來。

權利自人性來

權利清單上的權利有共通性嗎？在人類歷史上，權利清單上的權利是累積的，是發展而來的。十七世紀啟蒙時代的政治思想家們，發展出自然權利，也就是天賦人權的概念，與基督教思想盛行很有關係。之後的發展，權利轉變為締結社會契約的結果，已不再倚仗宗教經典的庇蔭。在不同的清單上，列入清單的基本權利可能各有不同，然而依傳統，大體上可以分為四類，皆重在約束政府與個人之關係。

一曰自由權，是指政府不得干涉屬於每個個人自主決定的範圍，包括身體的完整與行動，思想與宗教信仰，表意與集會結社，居住與遷徙，擁有、支配、處分財產，選擇工作等等。

二曰平等權，是指基本人權應受到政府對他人一般地同等對待，法律也不該使用憲法所不允許的標準，例如種族或性別，做為權利義務的區別。

三曰受益權，是指得請求政府給付一個公民應該得到的權利，譬如受國民教育的權利、訴訟權、得到國家賠償或公用徵收補償等等。

四曰參政權，是指公民有參與政治甚或成為政府人員行使公權力的權利，譬如選舉權、公民投票權、服公職權等等。一個人可以決定遠離政治，但仍然享有參政權，因為他有資格成為統治者，他就不是二等公民。

總體而言，基本權利是公民，身為社會的成員，有向政府主張，基於人之所以為人的尊嚴，個人所應該得到政府最起碼的人格尊重，或是個人為自主選擇的空間。

清單上例示的權利項目，無一不是每一個人都同樣具有的基本人性需要。人與人共同的基本人性得到政府的尊重與奉行，稱之為基本人權，就足以說明為什麼權利自人性來的道理。

權利自理解來

在傳統的德治社會，法即刑，為成就道德統治的輔助工具，是以道德義務為本位而組成社會。要求每個人都盡義務，不曾產生權利的思維。基本原因，是以政府或統治者的立場與觀點思考社會生活的規範，不是從人民或被治理者的視角，思考或設在社會生活的規則。所以即使偶爾談論權力有惡的問題，但是從來不曾基於保障人民的目的，來仔細設想而且設計制度性的規範與程序機制，來控制並限制統治權力；也就從未發展出來憲政意識或是社會契約。

然而，當外來的衝擊出現，人們透過初步的學習而開始理解，需要一部憲法典做為設計組織政府的起點時，就出現了立憲的活動，若是懂得為什麼需要憲法典的理由，就會在憲法中寫下基本權利清單與權力分立的政府體制。然後，社會若是只有一部憲法典，並未普遍養成權利意識時，也可能長期繼續在德治的文化中原地踏步。在理解權利清單上的權利是什麼，形成權利本位之法治社會的社會意識之前，幾乎可以斷言，權利仍然不易普遍得到保障。

在這個意義上，權利只能來自於社會的普遍理解與接受。特別是在社會已經接受了必須根據憲法典建構政府的基本前提之後，也不再有拒絕學習理解與養成權利意識的餘地。否則就只能回到憲法典尚未出現的從前。

權利自爭取來

理解權利並培養權利意識可能只是第一步。權利極可能還必須從爭取而來。因為從政府或統治者的視角思考，只會嘗試建立並維持秩序，並沒有主動建立並運用制裁機制，來拘束自己以保障平民權利的理由。

有另一種取自歷史發展的觀點，也可以很好地說明為什麼權利是爭取而來。基本權利清單上的項目，隨著人類歷史的進展，一再擴充，自由權、平等權、財產權是早期的項目，受益權、參政權是後出的項目，到了二十一世紀，則又出現了環境權，包括個人可以主張的環境權的觀念，而且在繼續發展之中。

用另一個一以貫之的方法加以描述，權利（rights）是對應於錯誤（wrongs）的，當政府犯下一個重大錯誤譬如不許人民說話的時候，人們不容許這樣的錯誤存在，就會在權利清單上加上一種叫做言論自由的權利；當政府使用加害身體的酷刑的時候，權利清單上就會加入身體權或人身自由的權利項目；當政府隨意取走人們的財產的時候，權利清單上就會出現財產自由或財產權的權利項目。當政府犯下新的重大錯誤的時候，例如不顧惜環境而任意或縱容破壞環境的時候，就會引發討論，權利清單應該納入環境權的權利項目，制止政府繼續犯錯。權利清單上的項目，會一直不斷增加的原因，就是政府總是會犯下新的錯誤，權利清單加上新的項目，就是政府必須引以為戒的新誡命。必須經過爭取，才能在權利清單上形成新的權利項目，抑制政府濫用手中的權力。所以要說，權利自爭取來；自向有權者爭取而來。

權利自司法來

黑石爵士說，有權利即有救濟，可謂是一針見血的權利定義，足以區別法律義務與道德義務何以不同。

儒家社會是以道德義務為本位的社會，曾有論者這樣理解，權利與義務是相互涵攝的，權利語言與義務語言是一體的兩面，孟子為梁惠王開列的義務清單，其實就是人民的權利清單，所以義務本位社會與權利本位社會，也沒有截然的分別。

這恐怕還是尚未透澈了解什麼是權利而得出的結論。以朋友有信的道德義務為例，朋友甲對朋友乙失信，朋友乙除了指責其違反道德義務之外，享有有什麼權利呢？果真享有權利的人，應該可以依循某種制度化的途徑得到救濟。什麼是救濟呢？一種救濟是強制對方履行其信諾；另一種救濟是要求對方賠償失信所造成的損失；當然，如果能夠得到對方發自內心的道歉，可能也是可以撫平傷痛的救濟。只不過，真誠的道歉，並不是強迫可以得來的。

然而，儒家的道德規範體系，除了責備之外，並不存在任何一種具體的救濟。於是，希望對方認錯道歉就成了最卑微的期待。而且，朋友有信，也不是十分明確的規則；什麼構成應守的信諾，什麼不是？怎樣算是守信，怎樣不是失信？其實並不清楚，道德義務的內容經常不夠具體，其實是道德義務的特徵，與法律義務講求明確，性質大不相同。孔子說「以直報怨」，什麼是直，也不夠清楚；「直」，也就談不上是一種救濟。

最重要的道理是，道德義務原就是期待有道德的人自動履行義務，現實社會並不能期待已經違反義務的人都會自動提供權利的救濟。權利的救濟必須依賴一個中立的第三者，仲裁雙方的爭議，也為雙方公正地釐清不夠明確的權利義務關係；一旦確認義務遭到違反而權利遭到侵犯的時候，可以決定權利者可以得到什麼樣的救濟，強制侵犯權利的一造履行。存在強制實現權利救濟的機制，不是道德規範體系的特徵，而是權利規範體系的必要元素。可以釐清權利義務的分際，並且命令、強制侵犯權利的人停止侵犯或從事補救的第三人，就是司法者。

權利必有救濟，救濟須賴司法提供；在這層意思上，權利自司法來。

權利自尊重來，自實踐的智慧來

有權利，也未必用盡權利；有沒有權利是一回事，要不要行使權利，需要智慧。如果說大話說髒話是言論自由，要不要行使說大話、髒話的權利，則是當事人的智慧。也可從另一方面看，司法是權利的屏障，但任何社會不會事事倚賴司法解決。但是因為道德觀念與司法救濟同時存在，百起權利能夠得到實現，九十九起都是因為有義務的一方，自動履行其義務的緣故。若是稱之為權利的道德邏輯，也不為過。

權利本位的世界，每個人都該知道自己有什麼可以與他人同樣享受的權利，也就必然可以體會旁人的權利在哪裡。也必然可以體會，權利需要相互尊重；我懂得尊重他人也有與我同等的權利，我的權利也更可能得到他人的尊重。期待他人尊重我的權利，我自亦解得他人對我必有同等的期待。

所以還該說，權利，自平等尊重的實踐而來。

第二章 當代司法的特質

不容其他部門取代

司法一詞，原是隋唐的官名。《隋書》記載隋文帝時秦州設有司法參軍事，唐明皇時亦有司法參軍事為基層文官，於州府中決獄定刑。宋代猶存其制，於元代廢除；這是古代法官的一種名稱。

清末決定變法，光緒三十四年（一九〇八）頒布的《憲法大綱》，首度出現權力分立的「立法、行政、司法」三個機關名稱，但尚未採取真正的權力分立制度。宣統三年（一九一一）的《十九信條》則使用「裁判機關」一詞，武昌起事後，宋教仁主稿的《鄂州約法》稱之為「法司」；民國元年的《臨時約法》稱之為「法院」，民國二年康有為、王寵惠各自撰具的《憲法草案》均使用「司法」，次年的袁世凱約法也是一樣，其後即成為現代審判部門的通用詞彙。

現代民主共和國設置的司法與傳統君主國家的司法，機關性格大不相同，具備數項其他部門所無的特性。此處先說現代司法的第一項特性，不可替代性。

當代司法的核心功能，就是審判；依據憲法及法律獨立審判。司法審判具有不可替代性，不能為立法部門或是行政部門所取代，是因為權力分立的緣故。這點可以與行政部門的分工構成對比。行政院下分為許多部會，全都受行政院的指揮，如果改變行政院的組織，將其中兩個部會合併，也就是將一個部會的業務併入另一部會；或者撤銷其中一個部會，將其留下的業務拆開，分由其他的部會承接，皆不會發生違反憲法權力分立的問題。簡單地說，行政部會之間雖有分工，但是沒有任何一個部會的功能不可遭到其他部會取代。

權力分立制度裡的權力部門各自獨立運作，不受其他部門指揮，也不能為其他的部門所取代。王權時代由一位帝王指揮一切，權力只有集中，沒有分立；為帝王服務而職司審判的司法，其實與行政機關的功能並無截然的區辨，往往同時也具有行政機關的屬性，與任何行政職務一樣，審判工作要對皇帝負責，也隨時可由其他機關取代。例如唐代有司法參軍從事審判，同時也有司戶參軍，就是由戶部官員擔任審判的職位。

正因當代的「司法」，本是舶來的、與過去習知的「司法」職位有所不同，所以不時還會在名稱使用上出現誤會。譬如因為傳統文化中並無司法部門獨立不可為其他部門取代的意識，就常常不能區辨屬於行政系統法務部門的檢察官，與屬於司法審判部門的法官，不是可以相互替代的職位。

檢察官是訴追犯罪的職位，是刑事訴訟當事人中的一造，是控方的律師；法官則是於檢察官起訴後肩負審判責任，兩者雖然都是代表國家，但各有職司，不容混淆。如果法官的審判功能可以為檢察官所替代，直接由檢察官定罪即可，又何需另外設置法官的職位進行審判？因此今日若是稱呼檢察官為包青天，可能就還停留在古代中土，尚無區別檢察官與審判官職務以防止罪及無辜的舊習慣之中。試想，以今日的觀念言之，包拯真的是法官嗎？他其實只是位檢察官，對吧？因為他既然已經肩負了檢察官偵查犯罪的功能，又怎能再擔任法官從事審判呢？

又如現在仍然使用「司法官」一詞兼指法官與檢察官兩者，也就容易繼續發生觀念的混淆，而於認識當代司法制度，形成妨礙。

民國八十五年，許信良、法官高思大，還有立法委員李慶雄、張俊雄等人分別向司法院大法官提出聲請，均質疑刑事訴訟法規定，檢察官基於比如犯罪嫌疑人可能逃亡而不到庭應訴之類的理由，可以不待法院判決被告有罪之前，尚未起訴即先行羈押被告一節，與憲法上設置法院以保障任何人非經法院審理不受逮捕拘禁的意旨不合。

大法官隨即做成憲法解釋（釋三九二），宣告刑事訴訟法相關規定違憲；因為主動行使職權的檢察官與被動審判的法官，性質不合，檢察官不得未經法院許可即自行羈押被告。這是憲政歷史上，確立現代司法正確觀念意識所邁出的重要一步。

此中顯示的道理是，為了建立不同權力部門之間的制衡關係，法官審判的功能應與擔任控方當事人的檢察官嚴格區分。檢察官為了偵查、追訴犯罪，不能不從推定有罪開始；憲法交由法官行使的審前羈押權力，這樣的安排就是由法官來防止檢察官犯錯（例如將無罪的被告起訴，又如使用押人取供的方法辦案），法官的工作當然不得由檢察官所替代。名稱混用的積習不改，誠宜避免。

司法部門的功能，同樣也不能被立法部門取代。英國國會基於民主，本於國會主權，曾有「除了難將男人變成女人、女人變成男人之外，國會無事不可為」的說法。美國自英國獨立後制定憲法，第一條禁止國會制定以個人為制裁對象（bill of attainder）或溯及既往的法律（ex post facto law），即是記取教訓，避免發生類似英國國會數世紀以來，跳過司法審判對付特定政敵，直接規定處死、凌辱、沒收家產、懲罰其家人等等制裁，等同於國會自為審判的教訓，事實上，起草獨立宣言的美國開國元勳傑弗遜，即曾遭英國國會通過載有其姓名的法律欲加制裁。自十九世紀以後，英國國會即知自我節制，停止制定以個人為制裁對象之法律迄今。

針對個人制裁之法律，直接拘束個人，與立法部門逕行行使審判權無異，破壞權力分立制度莫此為甚；因為立法部門業已自行取代司法部門的功能，逾越了立法部門只能制定通案規範的立法權界限，如果立法部門不但可以制定拘束一般人的通案立法，還可以在法律中寫上特定人的姓名而制定拘束特定人的個案立法，試問憲法又何須另外設置審判個案的法院？

這就是權力分立要求於司法的不可替代性，司法部門的審判功能不能為立法部門制定個案立法而取代。

法學上使用的專業術語，還有一個用來形容司法不可特替代性的詞彙，稱之為「法官保留原則」，意思就是，憲法專門保留給專司審判的法官才能行使的權力與責任，不容旁落。

個案的終局決定

前面談過權力分立的道理，其基本設計是，無關個別當事人之間的法律權利義務爭議的事項，不在司法動用其審判權力的範圍。現在再換個角度來說明司法在權力分立制度中的位置。

帝王時代的制度，就是帝王所轄的政府對個人施展公權力，全視帝王的意志而定，不受制度性的控制；帝王或執行其意志的官吏，可在瞬間施展手中權力，置平民甚至貴戚王侯於死地。也可以這麼說，帝王就是制度，帝王可以隨時設定或更改制度；帝王制度中，除了帝王是最後的權威之外，沒有固定不變而且足以拘束君王的制度。

但是，「權力招致腐敗；絕對集中的權力絕對腐敗。偉人幾乎無不為惡者，即使在沒有權力而只有影響力的時候亦然，如果加上必然腐敗的權力推波助瀾，就更無法收拾了。」（英國艾克頓爵士的傳世警語）。發明權力分立制度，就在避免權力定於一尊之惡難於收拾。

在權力分立的政府體制中，基於法治觀念而存在的是，沒有任何一個人可以隨意更改的制度；政府針對任何個人施展權力，都受到制度性控制；必須分由不同的部門依循著一條水平分立的線性流程進行，否則就是逾越了權力的範圍。

權力如何分立呢？依線性流程的順序分工，與區別事務性質而為項目分工，是不同的分工方式。舉個簡單的例子來說，如果甲乙丙三個人一起分工打掃一戶住家，可以有兩種不同的分工方式。方法一是將住家分成三塊，臥室與廁所是一塊，飯廳與廚房是一塊，客廳與書房是一塊；各自負責一塊，各人負責的部分，各自決定如何打掃。這是項目分工。

方法二是將打掃全宅的工作分為三個流程，先掃地，再拖地，再打蠟。一人負責一個流程。這是流程分工。

項目分工與流程分工的模式不同之處在於，項目分工各人互不相干，如果出現問題，可能是某個區域（例如走道）究竟屬於哪一塊，可能誰都想要或誰都不想要而發生爭執。行政院轄下分置多個部會，就是項目分工的模式。

流程分工的各人之間則相互銜接；前面的流程未畢，不能啟動後面的流程：前一個流程人員的工作瑕疵，後一流程的人員都會看在眼裡。流程分工就會出現項目分工中所不存在的制衡關係。

立法、行政、司法分立，就是一種次第行使權力的流程分工。立法機關依據民意所制定的法律，是權力流程中權力發動的起點，行政機關居於後續的流程，但必須依法行政，所發布的行政命令與所為的行政處分，如果遇到人民不服的情形，就會在下一個流程中受到司法審查。司法審判，則是流程的終點；司法經過審判程序所做成的裁判，是針對當事人發生拘束力的個案規範，是終局的決定。

舉個例子來說，如果民意要求政府應該按照不得偷竊的道德誡命拘束並制裁竊賊，所須經過的權力分立流程將是，應該先由反映民意的立法院明文制定禁止偷竊，並且明定應對偷竊行為施加什麼樣的制裁；這是立法行為，是第一動。

在沒有立法之前，不能對任何人的偷竊行為施以任何制裁，因為道德不是法律，法律也不能不教而殺。有了立法之後，出現了偷竊行為，行政部門的警察與檢察官就會執行法律，試著找出誰是偷竊嫌犯，根據所蒐集的證據，向法院起訴檢察官認為犯罪的被告，請求法官審判給予制裁；這是行政部門的執法行為，是第二動。

於檢方起訴之後，法官依據推定無罪原則進行審判，因控方之證據確鑿而判決有罪並量刑處罰，或因控方之證據不足而判決無罪，還其清白。是第三動。

為什麼要推定無罪呢？是因為不許法官預斷被告有罪，而要以司法審判權制衡行政部門行使權力追訴犯罪，以防止檢警追訴時推定有罪而濫將無辜者入罪；這也正是司法保障權利的功能所在。

也就是說，檢察官指控被告偷竊，請求法院判決有罪，施以刑罰（譬如監禁若干年而失去人身自由），法官應該假設被告沒有偷竊，控方必須提出確切的證據，足以推翻法官心中以為被告不是竊賊的假設，法官才會判決被告有罪，加施適當的處罰。

司法審判，位於權力分立所形成之權力流程的終點；也就是說，非經司法審判，公權力不得入人於罪。只有司法裁判終局確定之後，公權力始可對特定的個人進行法律上的懲罰或制裁。

在權力分立的流程中，針對特定個人發動公權力加以懲罰或是制裁，是一個以立法始、繼以行政，而以司法終的過程，必須經過不同的權力機關，先形成抽象的通案規範，才能據之產生拘束特定個人的個案規範，對於個人發生具有強制作用。這樣的流程是為了保障每個人都能夠得到平等保護的基本權利。司法系統裡擔任審判工作的法官，位居守護基本權利最後的、最關鍵的位置。

這稱為司法的個案終局性。個案終局性，是現代司法的特質，也是現代司法所受到的重要限制。司法審判，不是無邊無際的權力，法官的判決，只能對於個案訴訟的當事人發生拘束力而不能拘束與個案爭議無關的第三人。司法判決並不直接產生像立法一樣可以拘束所有人的通案規範；因為法官沒有民意基礎，手中的審判權力，只是在個案訴訟中，依照既有的法（包括憲法與法律），決定應該對應於個案事實而加以適用的規則是什麼，產生專以拘束個案當事人的終局判決，不能做出效力及於個案當事人以外第三人的規範。司法只有審判權，沒有立法權。

不告則不理

如果在捷運上出現了扒手，車廂中有乘客當場做為現行犯加以逮捕；適有現職法官在場，試問這位法官可以表明身分之後直接對被捕者，進行審判裁定審前羈押甚或直接判刑嗎？

答案是，不可以。為什麼不可以呢？

位於流程末尾的司法，有一項獨有的限制，構成現代司法的特性，就是不能主動行使手中的審判權，必須要有當事人提出請求，發動司法依據正當法律程序進行審判，稱為司法被動性，也就是「不告不理」。

如果法官可以主動審判，其判決又具有終局性，試想，法官上街時就可以直接寫下判決入人於罪，甚至置之於死地，其與回到專制時代何異？

立法權與行政權都是主動行使權力的部門，但司法審判不是。遇到主動行使權力的立法權或行政權濫用權力時，個人可以訴諸法院審判以保障他的權利；也就是因為司法審判掌握直接裁決個案當事人權利義務的終局權力，乃是個人受到國家權力支配的關鍵環節，為了防止司法濫用權力，司法必須受到不告則不理的原則約束。

相應地，也正因為追訴犯罪的檢察機關，必須是主動行使權力的機關，不能不告不理，所以檢察官隸屬於行政部門而與司法審判機關有所區別，使用司法官一詞同時指稱法官與檢察官，就會繼續造成觀念的誤導。

司法部門，與立法及行政部門相比，所憑仗的只有書寫判決的筆，使用判決中的理由建立信用，說服人們遵從其判決。司法部門不像立法或行政部門一樣掌握政府的預算與荷包，也不能像行政部門一樣掌握軍隊或警察這般正規的武裝力量。法官做為流程分工末端的重要決策者，其判決雖然足以直接拘束個案當事人，但是仍然受到另一項事實上的限制，判決的實現與執行，往往需要武力做後盾，必須依賴行政部門的配合。刑事訴訟法將判決的強制執行交由檢察官為之，道理在此。

當代的訴訟程序分為三種，刑事訴訟、行政訴訟與民事訴訟。

刑事訴訟是檢察機關向法院起訴請求對被告加施刑罰的訴訟；是權力分立的典型例子，先由立法院制定刑法，規定什麼行為構成犯罪、可以科處什麼樣的刑罰，才由檢察官對立法之後涉嫌犯罪的被告提出控訴，請法院進行審判。只有法院在認定檢察官提出的證據足以證明被告有罪時，才該判決被告有罪，再由檢察官根據判決執行處罰。如果法院認為檢察官舉證不足時，就要宣判被告無罪。沒有檢察官的起訴，法院不能主動判決某人有罪或無罪。

法院獨立審判，對於行政部門的檢察官形成制衡作用，防止檢察官缺乏足夠的證據追訴被告，使無辜的人受罰。因為世界上不存在不會犯錯的包公，檢察官做為控方，更有機會犯錯，所以必須另外設置法院進行審判，保障遭到公權力追訴的被告，確定被告不會無辜受罰。法院如果可以主動審判，也與檢察官可以定罪無異。

行政訴訟則是由人民主張，行政部門對其做成的行政處分（例如課稅或是罰錢）違反了法律的規定，而向行政法院提起的訴訟。行政部門的主要職責就是依法行政，先要有立法部門訂出法律，才有行政部門依法執行做出行政部處分，行政訴訟則是人民請求法院審查行政部門做出的行政處分是否違反了法律。本質上就是由在流程分工中居後的司法部門，制衡行政部門對於特定人民行使公權力的制度設計。但是如果法院可以不待人民起訴即可主動審查行政處分是否違法，形成具有拘束行政部門的決定，司法部門不但將與行政部門無異，也將替代行政部門掌控行政權力，使得權力分立失去意義。

民事訴訟，則是人民因私人之間的法律關係發生權利義務的糾紛而提起的訴訟。在權力分立的分工流程中，民事訴訟通常並不會有行政部門參與其間。但也必須要有原告起訴，針對其與被告之間的爭議請求法院公正判決，才能發動法院的審判。亦即法院仍受不告不理的原則約束，不能沒有私法爭議存在，無人提出訴訟，就主動介入私人活動，用判決平亭曲直，形成具有終局拘束力的決定；否則法官恐也將與獨裁者無異。

民事訴訟中，原告發動司法權的目的是行使並實現其法律上的權利；行政訴訟中，原告的目的則是抗拒行政部門公權力所為的處分，以免自己的權利受害。刑事訴訟，則因為是行政部門發動公權力請求法院同意依法處罰被告，控方非在伸張自身的權利；反而是被告面臨公權力施以處罰的威脅，請求法院於審判中制止公權力施加處罰而侵犯其權利。這也就是為何在刑事訴訟中，法院必須保障被告的權利之故。

一言以蔽之，在權力分立的制度中，如果不是為了保障權利，根本不會設置一個獨立行使審判權的部門，應人民的請求，專以保障其合憲合法的權利為務。

獨立而且公正

古代中土世界的司法，是官名，是供皇帝差遣的手足，手中同時握有行政治理與審判的權力，為皇權秩序而非人民的權利服務。這是在權利的觀念出現之前的司法。為保障權利而存在的現代司法，具有什麼不同的特質呢？中土世界中，有誰曾經直接告訴皇帝，他不應該過問司法審判的事務呢？

光緒三十三年（一九〇七）夏，沈家本奉旨草擬法院編制法，目標是建立現代的司法。這位不曾踏出國門一步的修法大臣上奏指出，首要之處就是司法獨立：

「竊維東西各國憲政之萌芽，俱本於司法之獨立，而司法之獨立，實賴法律為之維持，息息貫通，捷於形影，對待之機，固不容偏廢也。」

他說的獨立，在有皇帝的時代，就是皇帝不能過問審判的意思。其實《尚書．立政》

一篇，似乎也曾說過類似的話：「庶獄庶慎，惟有司之牧夫是訓用違；庶獄庶慎，文王罔敢知于茲。」大意是周文王知道慎刑的重要，不敢隨意指導或介入司法（有司之牧夫）判案。但這只是在說文王的風範，或許是司法獨立的思想苗芽，但民國之前，從未真正建立實現司法獨立的制度。

歷史上的包公，只是在傳奇戲劇中顯現過司法獨立，並沒有真正打過龍袍，也沒有鍘過駙馬陳世美，那都只存在人們虛幻的、甚或是阿Q式的想像之中。有沒有可以媲美包公的司法人物呢？

會是皋陶嗎？蘇東坡筆下，想當然耳地編出皋陶曰殺之三而堯曰赦之三的故事，特別用司法並不獨立來彰顯皇帝的忠厚之至，其崇尚王權至上、斂時五福的程度，亦可見一斑。

唐朝武則天當朝時，有位未受後世廣泛傳頌的司法人物徐有功，民間稱他是「徐無杖」。唐史說他擔任蒲州司法參軍的時候就已為政寬仁，不忍杖罰，任期終了沒有打過一個人。當時酷吏橫行，「構陷無辜，皆抵極法，公卿震恐，莫敢正言。」只有徐有功平允寬容，「詔下大理者，有功皆議出之，前後濟活數十百家。」他曾為了阻止武后殺人，反覆據法廷爭，武后怒令拽出斬之，猶回頭力爭法不可改，至臨刑始得倖免。「如是者三，終不挫折。」有位官妻龐氏遭奴僕誣告她夜半做法害人，武則天交給薛季昶審判，以龐氏有罪當斬。徐有功獨明其無罪，而反遭誣陷黨援惡逆，奏以有功當棄市。武則天乃當面問有功近來判案何以許多有罪判無？有功回答，有罪而判無，是臣下的小過；好生而不殺，則是天子的大德。則天默然，龐氏得減死，有功免為庶人。不久之後又獲司法任命，有功告訴親隨，我今身為法官，「人命所懸，必不能順旨詭詞以求苟免。」

徐有功稱得上帝王時代真正守法不阿的好法官，但史上能有幾人？其實，若無皇帝也不能改的制度，就不會有真正獨立的司法。徐有功其實從來不是能做最後決定之人，做最後決定的是案案皆須請示聖裁的皇帝。斬也由之，赦也由之，那有司法獨立之可言？

還記得於唐太宗盛怒時被殺的法官張蘊古嗎？他告訴太宗李有德有精神疾病而使李有德獲宥，結果張蘊古因入獄知會李並且與李博戲而遭誅。細心讀史的朋友懷疑，張蘊古的詭異行為可能另有原因，他會不會是想從李有德對於獲宥與博戲的反應測試李是否真瘋呢？唐太宗事後所以後悔是否也想到了這種可能呢？可是張蘊古連答辯的機會也沒有就已受誅了。身為大理寺丞尚且下場如此，又焉有司法獨立可言？

皇權時代沒有司法獨立的道理也不難理解，皇權時代的司法是為了皇權秩序而非人民的權利服務，皇權秩序當然應由皇帝掌握最終的決定權。

權力分立的制度中，並非只有司法部門獨立行使職權。但是負責引進西方法制的沈家本，為什麼特別強調司法獨立呢？因為司法獨立是從一、司法做成判決不必請示上司，而且；二、司法判決就是終局的決定，所共同顯現出來的。獨立的司法，必須確保集體秩序的實現不能以犧牲每個人都受平等保障的基本權利為代價；所以不能由行政部門而必須由司法部門獨立審判，做出最終的決定。

在民主時代，司法應該獨立於民意之外而做決定嗎？其答案是：應該，也不應該！為什麼應該呢？因為民主國家的法律是依據多數的民意所制定的，法官必須依法判決，依法判決正就是遵循民意判刑。

為什麼不應該呢？因依據民意通過的法律只能是抽象的規則，法官須依據抽象的法律審判個案；如果交由人民公審個案，並不能符合現代司法的要求。這又是為什麼呢？說個故事吧！公元前四七〇年至前三九九年，古希臘時代民主雅典城邦公民蘇格拉底（Socrates）的故事。

柏拉圖用《申辯篇》（*The Apology*）記載了蘇格拉底的審判，蘇格拉底的「罪行」來自於他是否為最聰明的人這個問題。蘇格拉底當眾質問雅典人關於至善、美麗和美德的看法，他發現人們其實一無所知。蘇格拉底自認他比其他人聰明之處在於肯於自承無知。蘇格拉底的挑釁還有桀傲不馴，觸怒了群眾，導致五百位公民所組成的陪審團，對他進行一場罪名為不敬神祉的審判。蘇格拉底先被以二百八十票的多數判決有罪，之後又再經過群情激昂的討論，以三百六十票的絕對多數，使用一個新通過的罪名，因不信神而以不虔誠腐蝕雅典青年思想做為理由，判處蘇格拉底死刑。公民大會中權力無邊的群眾，因為欠缺理性而與濫用權力的暴徒無異。這構成了不能進行人民公審的司法禁忌，也構成了制定抽象規則的立法者，與審判個案的司法者，必須分開的基本道理。司法獨立審判的概念，於是乎出。

司法因此需要獨立於喧囂的民意之外，針對個案的事實依據法律與理性進行審判。有人會問，為什麼民意調查認為某個被告應該判處死刑，司法為何可以不判死刑？因為法律必須因應個案事實彼此不同而給予司法量刑的空間，用民意調查的方式拘束司法判處死刑，又與群情激昂的人民公審有何區別？

也因為民主政治常是透過選舉決定由誰執政的政黨政治，在民主政治中獨立審判的司法，也就必須獨立於政黨政治之外，而將之寫在《憲法》裡：

「法官須超出黨派以外，依據法律獨立審判，不受任何干涉。」（第八十條）

在民主政治之中，獨立的司法，如果判決結果總是對執政者（或執政黨）有利，不會予人司法獨立的觀感。獨立的司法判決也必不會總對執政者不利。但幾乎可以確定的是，只有司法的判決有時也對執政者不利，才足以顯示其獨立性。由於民主憲法也具有防止多數濫權侵犯少數的權利的功能，保障弱勢的少數，也是獨立的司法應該具備的功能。

如何確保司法獨立呢？一個基本的方法就是提供法官終身職的保障，也寫在《憲法》裡：

「法官為終身職，非受刑事或懲戒處分，或禁治產之宣告，不得免職。非依法律，不得停職、轉任或減俸。」（第八十一條）

基本概念就是，只要法官行為端正，無人可以指令他如何審判，不能用奪去他的職位做為指令他如何判決的方法。法官審判，形成判決，不受干涉。當事人不服判決，可以上訴，可以由上訴審的法官改判，但是沒有人可以指令法官如何形成他最終的判決。必須由法官自己做決定，不受任何干涉，就是司法獨立的精義。

司法不但必須獨立，而且必須公正。獨立與公正是相關但不相同的概念。司法審判個案，必須在訴訟過程中，對於雙方展現也保持不偏不倚的公正品質；也就是依照正當法律程序進行審判。因為司法正義要靠遵守程序實現，不遵守正當程序的決定並非正義；

依司法正當程序實現程序正義的判決，才足以證成實質正義的交付與滿足。司法的公平必須看得見，就是這個道理。

唐史上的徐有功，也曾有展現司法公正真義的事跡。武后時有個酷吏皇甫文備，曾經誣告徐有功而奏成其罪，但是武后放過了徐有功。不久之後輪到皇甫文備為人所告，由徐有功訊問，很是寬待他。有人問徐：他曾經要陷你於死地，今天為什麼放過他？徐有功回稱，你說的是私憤，我所守的是公正的法律，怎可以私害公呢！這個故事，很適合用來了解什麼是司法公正一個恰當的註腳。

誰有資格做法官？

誰有資格做法官呢？讀者您覺得自己有資格擔任法官嗎？基於自身現有的條件，您願意今天就出任法官審理重大刑案嗎？

在權力分立的體制中，可以斷人生死、自由與財產歸屬的司法，是法治社會秩序與個人基本權利的最後防線；法官們又必須各自獨立審判，不受任何干涉，而且享有終身職待遇，做為司法獨立的保障。這麼重要的職位，誰有資格擔任呢？

世界各國法官，地位最為尊崇的是英美法系的法官。一二一五年的《大憲章》第四十五條早已規定：「不深通或不願遵守法律者，不得委任為法官。」以美國為例，二十世紀接近尾聲的時候，《紐約時報》曾將歷史上第一位聯邦最高法院女性大法官奧康諾（Sandra Day O'Connor）譽為美國最有影響力的法界人物。該報持此觀點的依據在於，美國是個法治國家，社會與政治上的重要爭議最後都會成為交由最高法院做出裁決的法律問題。最具爭議的案件往往正反意見相持不下，最高法院多以五票對四票定分止爭。

根據統計，奧康諾大法官是九位大法官中最常在五票方出現的那位，也就是最高法院意見高度分歧之處，有八成以上的案件都是隨著她的意見一槌定音，足見舉足輕重，於此也可得知最高法院在美國政治社會中的分量。

美國聯邦法院的法官，從地方法院到最高法院，都是經由總統提名，經參議院同意而任命。能夠獲得任命者，不論其為檢察官、律師或是法學教授，都曾經通過律師考試，但絕大部分皆已步入中年以後的人生成熟期，已在社會上累積了良好的名聲而普獲尊敬，而且人品、經驗、學識及法律見解均廣受肯定的法界菁英，才可能得到政治提名，絕不會有甫離學校、初出茅廬的法律人員出任法官。

與此不同者，大陸法系國家甄拔法官的方式，基本上是舉辦考試篩選人才。以我國為例，法律系學生成績優異者，頗多甫行畢業即可通過法官考試，再經不滿兩年的養成教育，就可擔任法官進行審判；年齡未達而立之年的所在多有。年齡不是評斷能力的張本，但法官的平均年齡卻可反映法官甄拔制度重視專業經驗與人生智慧的程度。純憑考試在法學畢業生中選才，可以知道是將法官的職位看成屬於法科的技術官僚；也反映了大陸法系對於法官職務的理解與想像，與英美法系對司法獨立在民主憲政中舉足輕重的認識迥異。兩個法系的法官在司法功能上呈現不同的面貌，實可預卜。

一旦將法官想像成法科的技術官僚，也就是用行政體系人員編制的模式套用在法官職位之上，與司法獨立的制度定位有沒有衝突呢？此點可能會是足以改變司法功能定位乃至司法文化走向的關鍵因素。

同樣的道理，其實也出現在英美法系與大陸法系法官職務設計的另一個重大差異之上，就是陪審制度的有無。陪審團是源自英國至今沿用的審判模式，為個案進行審判而由庶民擔任陪審員組成陪審團聽審，陪審團的功能是聽取訴訟雙方舉出的證據以確認個案事實，做為專職法官據以判決法律問題的基礎。簡單地說，陪審團根據庭審的證據判斷被告是否為一級謀殺罪的凶手，再由法官判決應該施以何種制裁。

美國憲法規定獲得陪審團審判是正當訴訟程序所保障的基本人權，是司法程序裡與專業法官並立的第二院，防止專職法官用判決故入人罪侵犯人權。制度設計的想法是，不是民選的法官要入人於罪，必須要有來自民間的素人同意被告確已犯罪才成；以免法官濫用審判權力。從美國以憲法立國的時候開始，陪審團看似用來定罪的，其實是用來保障權利的制度。

大陸法系國家，在職業法官之外，也有將素人引入法庭擔任審判工作的例子。我國就已經立法建立了制度，加入國民法官參與審判重大刑案（例如殺人罪）。

國民法官的工作是什麼？

擔任全程參與審判與專職法官共同做出判決。其職權基本上與專職法官相同。與英美法系陪審員不同的地方則在於，陪審員只是負責判斷審判中的事實問題，國民法官則是與專職法官一樣，不僅要判斷事實問題，而且也要判斷法律問題。國民法官法規定：「終局評議，由國民法官法庭法官與國民法官共同行之，依序討論事實之認定、法律之適用與科刑。」（八十一條）

英美法陪審員制度的道理是，判斷事實問題，一般人與專業法律人員的能力並無重大差異；大陸法系則是假設，即使欠缺專業法律訓練與知識，國民法官也和專職法官一樣具有判斷法律問題的能力。

誰有資格擔任國民法官？

簡單說，以沒有受過法律專業教育的素人為主。具體言之，凡已完成國民教育，年滿二十三歲，且在法院轄區內設籍繼續居住滿四個月的中華民國國民，無法定不良事蹟者都有資格，但擔任重要政、軍及政黨職務者、法學教授、法官、檢察官、律師、法務工作公務員與司法警察，均不得擔任。

如何選任國民法官？

由法院自合格的國民法官名冊中隨案隨機選出。

為什麼需要國民法官？

國民法官法第一條說明了立法的主旨，「為使國民與法官共同參與刑事審判，提升司法透明度，反映國民正當法律感情，增進國民對於司法之了解及信賴，彰顯國民主權理念，特制定本法。」此項規定，反映了立法時的司法現象與看待司法的觀念，可以分成幾方面思考。

一、提升司法透明度

這第一項立法理由，是否顯示了立法者以為缺乏國民法官的參與，專職法官的審判透明度不足？加入素人均可擔任審判工作，傳達了審判工作沒有不可告人之事的訊息，也有助於降低審判工作的神祕感。不過，由於國民法官「無故洩漏評議祕密者」應負刑事責任，法有明文；每年應由國民法官參與審判的重大刑案數量十分有限，在社會印象中提升司法透明度的程度，可能遠大於社會實況。

二、反映國民正當法律感情

所謂國民正當法律感情，或許是中性的詞句，但若問到國民法官法立法之前，對於重大刑案司法裁判的社會觀感，究竟是怎麼個不滿意法？可能不會以為國民法官法的立法目的和美國憲法規定陪審制度的目的一樣，是要保障被告的權利吧？其實司法經常受到的批評是在重大刑案中，對於被告的判決過輕。所謂國民的正當法律感情，究竟是激情還是理性？司法審判需要的是激情還是理性？其實正是現代的司法制度需要正確社會認識的所在。國民法官，該被期待的是將激情還是理性帶入司法審判？

三、增進國民對司法的了解與信賴

簡單地說，這是要讓素人擔任審判工作，以增進素人了解並信賴司法。然而，將國民法官納入審判制度看做是國民司法教育的環節，可能業已增加了審判制度原先所無的制度目的；司法審判制度存在的目的是，依據法律鞏固足以保障基本權利的社會正義秩序，現在加上了國民司法教育的功能，是要讓國民法官藉由審判了解審判；一種「從做中學」的概念，就是以「做」為手段，而以「學」為目的；更以「了解」為手段，以「信賴」為目的。然而，由不熟悉審判工作的國民法官直接上手從事審判，不會犯錯嗎？讓國民法官從錯中學，是要了解司法審判一定會犯錯、因此對於一定會犯錯的司法產生信賴嗎？這會是審判制度的真正目的嗎？帶有國民教育性質的審判制度，本身是否就是個錯誤呢？

四、彰顯國民主權理念

所謂國民主權，就是最終是由人民自己統治自己的意思。然而國民法官不是民選的職位，參與審判並不能成就司法的民主正當性。反而是國民法官法不許國民隨意拒絕擔任國民法官，違者可以課以罰款；在我國擔任公職都是出自於國民的自由意志，只有國民法官與義務役軍人須應徵召而任公職，是僅有的例外。我國《憲法》明定法律可以徵召國民服兵役，但是並無國民法官的設計。美國實施陪審制度則有憲法明文，認為接受陪審團審判是司法上的基本人權。我國並無陪審傳統，接受陪審團或國民法官審判都不是基本人權，值得思考的反而是訴訟當事人該不該有權利拒絕缺乏法律專業知識的國民法官審判。國民法官法加課國民擔任審判重大刑案的義務，不知道憲法上的依據何在。其實，法律強制國民擔任國民法官，也很難用國民主權加以解釋；世界上有哪個國家的主人竟然是受法律強迫行使統治權的呢？

其實，國民法官法強制並不具備法律專業知識的國民擔任法官，最大的盲點就是難以合理說明，國民法官缺乏擔任審判所須的起碼法律專業知識，如何具有法官適格性呢？隨機徵召國民擔任法官從事重大刑案的審判工作，制度上如果具有正當性，那就必會使得必須經過考試才能具有專業法官資格的法律要求成為多餘。反過來說，國民法官法的存在，足以否定本書作者關於「法官的適格性是當代司法的特性之一」的觀點，也就是說，從事法律審判的法官，其實是任何人都可以擔任的公職，不需任何專業知識門檻，而且這樣才能增進國民對於司法審判的信賴。

這並不是本書有能力解說其中理由的觀點。作者淺見，立法強制國民擔任法官，或許已經顯示，通過這項法律的社會，對於究竟什麼是基本權利、什麼是當代憲法上的司法審判，似乎還很陌生。

第三章
有待調整的司法觀念

非民之父母，是法治僕從

本書前面先行介紹什麼是西方案例社會的法，再行回顧什麼是東方儒法社會的法，及其在二十世紀之後開始的蛻變，更提出了進入法治社會值得深思的十二個問題，又再分析什麼是當代司法的五項特質之後，該作整體歸納了。

第一個結論是，司法不是民之父母，而只應是為民服務的法治僕從。

還是先講個故事。前面說到，古代的君王，被稱為民之父母；這個觀念怎麼來的呢？它與武王伐紂的歷史大有關係。

周武王姬發討伐帝辛（即商王紂），始建周朝，是西元前約一千一百餘年前發生的歷史事件，當時遇到的一個問題，及其對問題提出的解釋，對於中土世界的影響深遠，直至今日。

根據記載，武王在牧野戰勝了商紂的軍隊，一日之內，帝辛自焚，武王進入商都朝歌。《尚書》的讀者都很熟悉，此前帝辛有臣子示警，西伯姬昌極得人心，可能構成重大的政治威脅，紂王的回答是：「我不有命在天？」顯示了當時普遍相信，統治者的權威與正當性，來自天意；「天命」，也就是「上天的使命」的意思。周武王面對帝辛的猝死，必須提供一個解釋，帝辛的天命何以消失了？武王一旦成為新的統治者，如何解釋「天命」的問題呢？

武王與他重要的輔佐者周公必然知道，統治正當性絕不在於矜誇我武維揚，那不啻速禍之道；周王室所提供的回答則是：天命靡常，惟德是馨；因為商紂失德而上天欣賞周人之德，於是天命移轉至周。這正是周公制禮作樂，基於天命以德治國，政治理論的主旋律，簡單易懂而且從此深植人心。

既得天命，即成天之元子，簡稱「天子」；天選的通天者，惟予一人。這是東方版的君權神授說；自然的天，而不是擬人的神或上帝，成為統治者政治正當性的終極來源。周人與商人的天命觀，可能只有一點不同，就是商人認為天命不會改，周人的天命，則可隨著統治者的德行高下而生轉移；「德治」所展現的道德品質，成為天命所向的指標。按照周人的說法，商的開國之君湯，所以得到天命，也是因為他在桑林中願意犧牲自己為民祈雨，獲得了上天的青睞，天命才從暴虐無道的夏桀移轉於商湯。

言之鑿鑿的天命論，成就了周公所建立的禮制；孔子夢周公追求克己復禮，以孔子為萬世師表的儒家倫理，在五倫關係中居於最重要地位就是父子與君臣關係，所適用的道德規範就是孝（父慈子孝）與忠（君義臣忠）。《大學》一書所說的格致誠正修齊治平的道德哲學，將宗族倫理與政治倫理連結為一體，解釋了什麼是「國家」，「國家」就是以家庭倫理為構成基礎的國度。

此中還需要解釋的是君民關係。五倫之中，沒有君民關係，因為一君與萬民不是熟識之人，沒有直接的人際關係需要道德規範，但是君民關係有賴需要政治哲學的解釋。於是出現了兩條可能的路徑。一是用君臣關係類比君民關係，《詩經》上說：「溥天之下，莫非王土；率土之濱，莫非王臣。」正是藉此說明君民關係。

另一條思路，流傳更為普遍，就是用父母子女關係類比君臣關係；同樣是《詩經》上說，「愷悌君子，民之父母。」「愷」字比擬嚴父，「悌」字比擬慈母；恩威相濟，照顧懲戒並施，就成為統治的哲學。《禮記》上孔子也曾詳細解釋君王成為「民之父母」能達到的統治最高境界。即使完全沒有親子之間天然的血緣親情關係，君王以人民為「子民」，就在顯示自己扮演父母角色愛民如子的誠意；子民無條件地恭順服從父母的教誨與指示，不容絲毫違背，甚至到達「天下無不是的父母」的程度，生殺由之，也就成為倫理秩序中的理所當然；也因忠孝相通的說法，成為君民關係的道德規範。

一旦運用父母子女關係來比擬君民關係，奉君王之命理民的官吏，自然也以「父母官」的稱呼來成就官尊民卑的臣民關係。

簡單地說，君父對子民只有化育的恩惠，子民對君父只有順服而且感恩戴德的義務。其間只有上下的命令服從關係，當然不會產生權利的觀念。君王君臨臣民，法官是君王的屬僚，職司為君王服務，執行君王的旨意（命令）及交付的任務，為君王駕馭人民。這就是為什麼只有戲劇小說才可能出現「上打昏君，下打讒臣」的尚方寶劍，與打龍袍、鍘駙馬的包青天一樣，純粹只能是民間的想像，在現實中根本不曾也不可能存在。戲劇小說在帝王社會中建立大無畏的青天想像，只具有魯迅筆下阿Q自我安慰的功能。

這也正是為什麼柳宗元在〈送薛存義序〉中，用獎賞酒食的姿態酬謝離任的地方官員，所道出的公僕觀念，表達出一種上下地位倒置的民主官傭關係，具有多麼難得與不平凡的意義；只是它一直埋沒在《柳河東全集》中，少受重視。

柳宗元的提法，其實更適合用來說明民主共和體制中的統治關係。民主共和國的統治正當性，不是來自於隨著統治者德性而移轉的天命，而是來自於人民的約定與同意。

人民的約定與同意，從兩個方面體現。

一方面是人民經過協商訂立了社會契約，也就是制定了表明統治權力來自於人民的憲法，依據憲法（也就是社會契約的約定）組織政府，行使統治權力。

讀者若是問我，你說古代由上而下的天命論已經改成由下而上的民主論述，有沒有什麼具體的證據？當然有，就寫在我們的憲法之中，抽象的例子是第二條說我國的主權屬於國民全體；具體的例子是第四十八條寫下國家元首就職的宣誓誓詞：

「余謹以至誠，向全國人民宣誓，余必遵守憲法，盡忠職務，增進人民福利，保衛國家，無負國民付託。如違誓言，願受國家嚴厲之制裁。謹誓」

憲法要求總統不是向上天宣誓，而是向人民宣誓；人民業已取代了天命，成為元首必須拳拳服膺的對象！《慎子》一書中說：「法，非從天下，非從地出，發於人間，合乎人心而已。」道理相同，只是過早出現了兩千餘年而已。

另一方面，政府的組織，必須經由人民選舉的程序才能完成。最早的民主國家是英國，由人民選出代表組成的議會，才能透過立法程序制定法律行使統治權，原來由英王掌握的統治權，業已於光榮革命之後轉移給國會。借用天命論的說法，天命自英王轉予了人民代表所聚集的國會，由國會行使統治權。繼起的美國，則用憲法統治替代了君王統治，憲法規定必須由人民選出的雙國會共同行使制定法律的權力，交由也是人民選出的元首率領行政部門執行法律。

此處值得說明，民選的立法部門，是民主制度具有正當性的關鍵所在。選舉產生的民意代表為民喉舌，不具政府官員身分，也不能兼任官吏（《憲法》第七十五條）。缺乏定期由民選代表組成的國會做為立法機關的國家，即使其大權在握的國家元首也是經由人民選舉產生的政治首領，並不因此成為民主國家。希特勒主政的德國就是一個鮮明的例子。相對地，一個國家只有定期由民選代表組成的國會做為立法機關，即使其國家元首並非經由人民選舉產生，也仍然稱為民主國家；英國就是適例。英國依法行政的官僚體系雖然不是民選的部門，但受民選國會成員組成內閣的緊密監督，仍然不致逸出人民統治的軌道。

因此，民主國家中依法行政的政府官員，與依法審判的法官，都是為民服務的公僕。依法審判的法官，其法定的功能就是依據法律保障人民的權利，即使是在依法實行公訴的檢察官按照刑法的規定追求維持社會秩序的時候，審判的法官依然有責任在追究刑責的訴訟程序中，確保被追究刑事責任的被告所應享有的公民權利，不被侵犯剝奪。法官並非可以自稱為「民之父母」的父母官，而是實現保障基本權利的法律僕從。

其實，柳宗元所說的：「凡民之食於土者，出其十一傭乎吏，使司平於我也。」形容農民們拿出至少一成的耕種所得付給官吏做為薪酬，求能得個公道，不正就是這個道理嗎？「使司平於我」，用今天的話說，不也就是「獲得法院給予人民公平審判的權利」嗎？

法官不是民主政治的統治者，而是依據統治者（人民）的代表（立法院）所制定的法律，提供專業服務，讓訴訟中的人民，可以得到一場符合正當法律程序的公平審判，如此而已。即使是一位刑事被告，當他得到正當程序公平審判，即使是被判處有罪應受處罰的時候，他的基本權利也已受保障而得到實現。這正是當代司法保障權利的真諦之所在。

有罪推定還是無罪推定？

人們所熟悉的司法，經常是審判刑事案件的法官形象，現在就回到刑事訴訟來重新思考一番。

如果包青天是傳統儒法文化所熟悉的司法形象，那當代司法的形象究竟怎麼個不同呢？

第一個大不同，是法官不像閻羅包老一樣是洞悉一切的全知與先知；當代法官在受案之初，並不也不能熟悉案情，更不能有任何的先入為主。

第二個大不同，包青天是主動查案的福爾摩斯，法官則不同，不是偵查犯罪的警探或檢察官。

第三個大不同，包青天的判決先驗如神而不會犯錯，但是法官不是神，不能免於犯錯。

以下是進一步的說明。

人們或許期待法官先驗如神，但法官是人而不是神。法官必須獨立而且中立，爭端中的當事人不能自任法官；法官受理時，案件中究竟發生了什麼事，真相如何，通常一無所知，法官只能憑藉當事人雙方在訴訟中提出的證據（包括物證與證人的證詞），來認定發生了什麼事，再根據其所認定的事實，按照法律的規定做出誰是誰非、誰有什麼權利、誰有什麼義務的判決。

在刑事訴訟中，則是為了維持社會秩序的國家追訴破壞社會秩序的被告，使之按照法律規定接受處罰。問題是，法官怎麼知道被告有沒有犯罪呢？

前面問過，如果法官發現自己在捷運車廂裡遇到並且親手抓到了扒手，他可以當場掏出紙筆，寫下刑事判決用竊盜罪處罰扒手嗎？答案是當然不可以，他只能以公民的身分當場逮捕現行犯；如果他就是扒手扒竊的對象，他可以擔任告訴人，向檢察官提出告訴，由檢察官進行偵查後提起公訴；如果他不是扒手扒竊的對象，他可以在偵查或訴訟程序中擔任證人，但無論如何，他都不能擔任審判這位由他擒拿的扒手這件竊盜案件的法官。因為在這個案件中，他已失去了法官應有的中立位置。

法官不該在參與審判之前就知道被告是否犯罪的事實。在法官進行審判之前，必須由另一個既不由法院指揮、也不能指揮法院的機關擔任控方，向法院提出證據指控特定的被告犯罪，這才輪到法官進行審判。

在訴訟中擔任控方角色的就是檢察官。控方的基本任務有二，一是偵查犯罪，也就是調查證據找出誰是犯罪的人，一是實施公訴，也就是依據偵查而得的證據，向法院起訴，請求法院判決處罰被告。

如果面對一具遇害的屍體，控方偵查犯罪，必然從既有的蛛絲馬跡中尋繹誰是凶手，也多半會先假定若是仇殺誰最可能；若是情殺誰最可能；若是財殺，誰最可能……，然後蒐集資料加以驗證，檢察官通常需要刑事警察的偵緝做為協助，最後將所認定為凶手之人做為被告起訴。

在不區分檢察官與法官之職務的年代，檢察官就是法官，檢察官認定有罪，就可以下判決進行懲罰了。這將成為負責偵查犯罪的人說誰有罪、誰就有罪的局面。也就是說從推定有罪到認定有罪，是同一個人。檢察官是人不是神，可能會犯錯；尤其是要負責找到罪犯，為了有所交代，可能毫無計較手中的證據是否充足，而以完成指控破解謎題為能事。

同時身兼偵查功能與審判功能的人員，最常用的手法就是刑求。包公的刑求最有名，他額頭的月亮提醒人們，他乃是智通神靈的全知審判者，刑求與懲罰無異，刑求不招供的犯人就是懲罰惡人，似乎理所當然。

然而世間哪有智通神靈的包公？刑求的對象是不是犯罪者，還不知道，可是「箠楚之下，何求不得？」刑求得到被刑求者的自白，那是榨取逼迫的結果，怎能當作可信的證據？不但證明力可疑，而且還會產生惡劣的影響。一旦刑求得來的自白可以當作證據，就是承認刑求的正當性，也就是鼓勵刑求，更無從禁絕刑求了。

為了防止刑求造成冤抑，必須質疑自白的證據能力，而要尋求自白以外的確切證據做為追訴的基礎。

前面提到清代張氏家僕以在衙門中頂替受責為業的故事，可以窺見衙門中刑求之用大矣哉！在藉以樹立官威，逼取供詞，甚或嚇阻興訟以簡省審判之勞之外，還可成為生財的工具。試想，刑求既不計較是否由無辜者受責，還容許窮人以頂替受責為業，由雇主付出金錢賄賂公行，自可想見是如何地理所當然。「衙門口八字開，有理無錢莫進來」曾長期成為民間順口溜，乃非無因；傳統文化中雖然講求服從權威，社會上卻普遍抱持不敢信任更不尊敬司法的批判態度，至今猶有餘烈，良有以也。

為了避免犯錯，使得無辜入罪，真凶卻逍遙法外，當代的司法制度，乃將偵查後進行控訴的工作，與審判的工作拆分。控者不審，審者不控。於是才有專司審判的法官。

正因為控方是從假設有罪開始偵查，終則提出證據起訴指控被告犯罪，中立的法官職司獨立審判的主要功能，就在檢驗檢察官的指控有無錯誤，提出的證據能不能佐證檢方的指控無可懷疑，所謂推定被告無罪的原則，就是法官審判的起點，這樣才能看出檢方的控訴有無漏洞；若是法官也像檢察官一樣地推定有罪，審判只會成為過場而已，法官將無存在的價值。

法官推定被告無罪與推定被告有罪的差別何在？這與法官不可能完全避免錯判，有直接的關係。

審判的工作，包含認事與用法兩個部分，同樣重要。即使期待「用法」的部分，法官不會犯錯，但就法官「認事」的部分而言，就是因為法官是人不是神，是在訴訟事件發生之後，試圖發現事件的真相，才能再據之依法做成判決。從事後推斷事實真相，尤其是在雙方當事人各有主張也各有舉證的情形下，企圖呈現事實真相，不可能以為法官完全不會犯錯，或是任何一個案件都不會犯錯。更難的是，我們可以確信法官可能犯錯，但是究竟是在什麼地方犯了何種事實判斷的錯誤，其實也不知道。（當事人，尤其是敗訴的當事人，常會以為法官的判決有錯；而勝訴的一方不言語，就等於認可判決沒有錯誤嗎？）

正因為知道法官可能有錯、但又不得而知是否確實或何處有錯誤，才會同意一個制度上不得不然的設計：只要是能夠符合程序公平的要求做成的判決，就接受其為正義的判決。這就是現代司法要以程序正義證成實質正義的原因與道理所在。

因為法官可能會犯錯，推定有罪與推定無罪，就存在著不可忽視的差異了。法官推定無罪時會犯的錯誤是該罰的不罰；法官推定有罪時會犯的錯誤則是罪及無辜。這其實是在「寧可錯罰不可錯放」，還是「寧可錯放不可錯罰」之間做選擇。以秩序為終極追求的法律，可能會選擇前者；但以權利為終極追求的法律，就會選擇後者，寧可錯放，也不罪及無辜；沒有十足把握，只要還存在著合理的懷疑被告是無辜，就不輕率定罪。

當代司法採用的標準是，自信不會犯錯而寧可錯罰的法官不是青天；擔心犯錯而寧可錯放的法官才是青天。處罰無辜的人，不能是建立社會秩序的代價；因為那將使得社會秩序失去正當性。

請仔細想想，處罰無辜者的司法可能失去什麼。讓無辜者受罰絕不會是處罰的目的，對無辜者施以處罰則毫無正當性可言；不只如此，不介意處罰無辜，會顯現出執法者的恣意性，也必然就是濫用了手中的公權力。更不可避免的是，當無辜的人受到處罰時，可能意味著應該受到處罰的人還逍遙法外，而且會因為無辜者已受處罰而不會再被追究。

如處罰罪犯是建立社會秩序者追求的正義，處罰無辜者就是正義的扭曲。

再往深處想，無辜者不受處罰是正確的事，處罰無辜者就是執法者的重大錯誤。處罰犯罪的執法者，乃是居於「正對不正」的關係中「正」的一方，一旦處罰了不應受罰的無辜者，執法者則已處於「不正」的地位，被處罰的卻不是「不正」的一方，也就立刻翻轉了正對不正的原有地位。最嚴重的地方是，執法者不正，又如何繼續以正對不正的地位自居？處罰無辜者，完全腐蝕了公權力的正當性根基，使得司法失去公信力，正當的法秩序也不再正當。

如果再進一層，人們更將發現，執法者，尤其是提出指控的一方，可能並不介意無辜者被判決有罪，而且即使發現犯錯，說不定還不願意承認錯誤。因為那可以免除控方重新尋找真正的罪犯的麻煩；也可以避免自己犯下的錯誤被追究法律責任。如果法律制度縱容執法者錯罰而不以為意，執法者就更容易為了交差而任意找個無辜的人頂罪，扭曲法律秩序的正義系統。

所以，因為不能保證法官絕對不會犯錯而殃及無辜，就必須在有懷疑的時候，假設一個人是無辜的；必須是在所有的證據都已顯示沒有合理懷疑的情況下，才能將一個人定罪。也就是說，在由控方提出確切的證據，顯示被告犯罪無可懷疑而必係有罪之前，都必須推定被告無罪。被告既沒有義務舉證證明自己無罪，更沒有義務承認或證明自己有罪；而可以始終保持緘默，並且不必因為保持緘默而被懷疑成有罪之人。

讀者不妨思考一下，如何回答下面的問題？如果有一天，你竟然遭人指控殺人，時間正是昨天深夜你已經入睡之後而尚未甦醒之前，你能證明自己無罪嗎（如果你是單獨入睡或是你的伴侶也一樣在熟睡之中）？你應該應控方要求證明自己無罪嗎？你應該被控方要求承認或證明自己有罪嗎？你不能自始至終保持緘默，靜待控方提出你殺人的證據（而且是毫無合理懷疑你並未殺人的證據）嗎？擔任控方的檢察官基於你是殺人犯的假設而提出指控進行追訴，你認為法官也應該同樣假設你有罪而進行審判，還是該假設你是無罪的，從而要求控方舉出無可懷疑的有罪證據呢？

讀者現在可以回頭重新思考本書開始，於第三十五頁處所提出的那一大篇的問題了。

程序正義與實體正義

儒法社會的司法與當代的司法，有一個不易察覺的重大差異，就是對於什麼是正義的觀念，具有本質性的不同。儒法社會的司法正義，是實體的正義；當代的司法正義，則更著重程序正義。

一邊的問法是，什麼是正義？另一邊的問法是，用什麼方法才可以得到正義？前者問的是實體問題，後者問的是程序問題。實體的正義，更傾向於絕對的價值觀；程序的正義則抱持價值相對的態度。要回答關於正義的問題，需要同時了解兩者，缺一不可。

在儒法社會中，要回答什麼是正義的問題，其實還有不同的答案。

儒家的追求，是周公的禮與孔孟教導的倫理道德世界；是個以實體的道德正義所架構的世界。法家的追求（《管子．任法》篇中說過「生法者君」），則是根據君王所生之法（也就是使用刑罰維持王權社會秩序的法）所架構的世界。

其中像是秦法，其正當性建立在威嚇性的權威之上，實力就是正義。像漢武帝決定尊儒用法；漢代所謂出禮入刑，則是同時也將君王的法的正當性，建立在禮教秩序的實體正義之上。但是即使有明主如唐太宗者，也不知曾經錯誤地處決了多少位張蘊古。

只由實力決定的正義，注定是主觀、武斷而且恣意的；另一方面，即使是道德禮教所建立的實體正義，雖然看起來正當性十足，但仍不能免於主觀，因為道德規範，無論誠實、孝順、忠誠，或是其他，從來都只能是原則，欠缺具體而明確的內容，也不會附帶如何強制遵守的具體方法或程序規則。而法律，既可能是最低限度的道德，也可能是最高限度的道德；但法律與道德畢竟是性質不同而平行存在的規範，法律是帶著制裁機制的規範，必須具備足夠明確的客觀性，對守法的人而言具有可預測性；公權力據之強制執行時，才具有正當性而不會出現先射箭再畫靶的執法偏頗。

當代的法治社會，不只是要求人民守法，同時還更關注如何促使掌權的執法者必須守法。管子的君只需生法，臣民才奉法守法；法家希望君王用法治國，但因為其立說的目的是在鞏固君王的君權，因此除了勸說君主尚法任法之外，可能不曾想到，也從來不敢，當然也不會提出如何也能有效要求君王守法的辦法。這就使得君王成為居於法上之人。掌權的執法者不必守法，不受法律約束，他所欲實現的正義，無法避免恣意的正義。如何使得執法者守法以避免恣意呢？可以換個方式追求正義。儒法社會仰賴君王提供正義，或者試圖使用倫理道德拘束君王（或掌權者）的內心，或者教導君王有效的統治方法交付或實現有秩序的正義。當代法治社會所採取的幾個基本辦法，則都是循程序正義的方法來檢視並完成實體正義的決策，有如下述。

首先，並不相信集權的或任何大權在握的統治者會交付正義；即使只將正義定義為社會秩序所提供的安定，也只會是符合掌權者意志的、確保掌權者政權穩固的安定秩序，很少會是人民所需要的，共同地追求全體福祉也救濟、照顧個別弱勢人民疾苦的社會秩序。因此要先確立，政府權力的正當性，不是來自於上天的玄祕命令，也不是由於掌權者過人的道德品格或是「哲人王」般的智慧，更不是來自於掌權者掃平天下的豐功偉業之所憑藉的武力。政府權力的正當性，只能來自於全體人民的同意與協議。民主，而非神意或武力，才是政府權力的終極來源。

（這裡，其實已經做了一次預示程序正義，如何取代實體正義。沒有人能夠預測最後的民意，也就是數人頭之後人民的意志是什麼，但都同意接受經由一項和平的程序，獲致大家都必須接受的結果。也就是同意，一人一票、票票等值的討論與決定程序，平等地尊重每一個人的選擇，是符合公平正義的程序，並且接受這項程序所產生的結果，是可以接受的實體正義。）

其次，不使任何個人、團體（包括政黨）或是任何單一的機構或政府部門，掌握全部的統治權力。這就是權力分立的道理。一切公權力做為的發動都要依照相當於社會契約的憲法的意旨，由人民所選舉產生的議員所組成的議會（如我國的為立法院）通過法律做為起始點。行使立法權的議員們，身分是民意代表，各自代表選區人民發聲。民意代表與由人民選出代表國家的元首，職位性質並不相同。國家元首是代表國家行使公權力的官僚體系的首長，民選的國家元首；即使獲得人民的授權，仍與民意代表的性質有別。唯其如此，元首以下的官僚體系，必須執行民主國會制訂的法律。

民主社會是多元的，由數量眾多而非單一的議員代表各自的選民組成的國會，依據既定的議事規則，經過討論商量、相互妥協、取得共識或進行表決後形成決議，就是立法的民主程序。經過正當民主程序所通過的法律建立規範價值體系，就是具有民主正當性的實體正義。民選的議會在結構上與單一的民選首長存在著當然的差異；由多元代表組成的議會做決定，必須發展出一套議事程序規則，據之議事而做成決策，用踐行程序來實現實體正義所需要的深思熟慮；代表多元民意的議會是否恣意決策，取決於是否已經依據正當程序做決策。單一的民選首長做決策時由其個人做最後的決定，發展不出程序規則，恣意決策的機率較高，而且注定成為職位所生風險的一部分。

第三，由行政部門負責執行國會制定的法律，也是程序正義的一種表現。將制定法律與執行法律分由不同的機關為之，主要的目的其實在避免立法者自行執法的恣意；這樣的恣意可能來自於在執法時任意解釋自己所定的法律如何解釋及如何適用於具體的事態。由另一個機關執行國會的立法時，更可能以較客觀的態度理解法律的客觀意義；也就更能避免立法者事後基於立法者身分，藉由主觀任意擴張法律適用於原非法律所欲適用的事態，實質破壞不溯既往的基本原則。立法者不執法、執法者不立法，其實就是用來減少法律中必然蘊含實體正義主觀性的程序正義規範。

第四，行政部門手中掌握的正是不再有權立法、也不再有權審判之後所賸餘的治理權力，行政部門除非另有憲法明文授權，其核心的功能就只能是執行代表民意的國會所通過的法律。依法行政原則，先有立法才有行政，是國會對於官僚體系的事前控制；行政部門執法之後，可能因為人民對其執法的做為有所爭執而交由司法審判其是非曲直，這程序稱為司法審查（藉由法官獨立審判來判定執法的行政部門有無違反憲法或國會立法而逾越了法定的權力界限），就是由法院法官對於行政官僚體系進行事後控制。行政訴訟就是典型的司法審查程序；由法院審理檢方起訴的刑事案件，也是對於執法的行政院部門追訴犯罪的舉動，獨立進行司法審查。司法審理的本質，就是以客觀的程序正義

（包括再次檢查行政部門是否違憲或違法）來取代行政部門執法時所欲實現的實體正義。

第五，還要特別觀察司法的位置。位居權力分立流程分工之尾的司法，並不當然是民選的職位。這是因為民選的程序，往往難以避免政黨政治黨派立場的傾軋，可能先天污染或減損司法所需要的獨立性或中立性外觀。正因為司法的民主正當性相對不足，就更需要遵循程序規則來建立其做成實體正義決策的正當性。

首先的要求是，司法必須依據業已因符合民意而存在的實體正義價值秩序，也就是憲法與民主議會通過的法律做成裁判，而不是只依照自己心中的實體正義而為裁判。

接著，司法審判還必須踐行一定的客觀程序做出裁判，才能具備滿足實體正義的理由。司法必須遵循的正當法律程序，包括機關組織正當、法官法定原則、直接審理原則（法官必須親自審理）、公開審理原則（以公開審判為原則，除非少數的法定例外，不得祕密審判）、當事人對等原則（公平對待雙方）、證據法則（依據證據判斷事實的有無）、無罪推定原則、不自證己罪原則、不自證無罪原則、一行為不兩罰、及時有效之救濟、上訴救濟等等都是。還有一項重要的程序規則，是司法判決必須附具判決理由；判決提供理由就是在為實體正義做最後的交代。以判決理由使人折服，就是司法公信力的最後憑藉。

司法審判可能犯錯，所以會有審級制度；審級制度可能用來改變下級法院判決關於實體正義的觀點。但是，審級制度必然不會無止無盡地追求實體正義。只要滿足了程序正義的要求，終審法院判決中的實體正義，不論其內容為何，都要成為終局確定判決，也就構成法律制度提供的終局實體正義。這就是程序正義終必替代或是證成實體正義的道理。

司法審判經由程序正義為實體正義提供答案，就還須追問程序正義的正當性是什麼？答案是，程序正義的正當性，存在於要求深思熟慮的程序設計；存在於經驗顯示，程序的踐行促成深思熟慮的程度，包括必須交代深思熟慮之後得出的決策理由，足以彌補實體正義的客觀性不足，可以為實體正義的探索劃上休止符。

法官與行政首長的不同之處，在於行政首長往往不需要交代決策理由，不是民選的行政首長，必有對之問責的對象；民選的首長，則更常以只對選民負責為由而拒絕問責，此時民主選舉成為決策程序與正義正當性的唯一來源，卻失去了程序正義所要求、驗證深思熟慮的機制。因此，由法官進行審查的程序，則可以做為彌補，用來防止或糾正行政機關的恣意，以保障當事人的權利。

法治的正義是什麼呢？法治的正義，就是根據《憲法》，經過民主程序所確立的明確法律規定，使得受規範者與法官均足以認識；使得任何人，特別是包括立法者、執行者、司法者等掌權者在內，都必須受到不可觸犯的客觀程序約束，做為可以透過法定的司法程序加以實現的正義保障；法治正義，主要是建立一種程序性的正義概念，就是在民主的、客觀的法秩序中，可以藉著正當程序具體實現的主體性權利。

馭王還是馭民？

如果要描述以憲法立國的法治國家，究竟是怎麼看待法、法律、司法還有人民的權利這些基本的元素，有沒有可以一以貫之的道理呢？

看過杜牧寫的千古名篇〈阿房宮賦〉嗎？熟悉的朋友應該記得最後一段是這樣寫的：

「使六國各愛其人，則足以拒秦。使秦復愛六國之人，則遞三世可至萬世而為君，誰得而族滅也？秦人不暇自哀，而後人哀之。後人哀之，而不鑑之，亦使後人而復哀後人也。」

杜牧以為後人應該引以為鑑的是什麼呢？「秦復愛六國之人」，秦愛六國之人的「秦」是誰？不就是秦始皇嗎？秦始皇會愛六國嗎？秦始皇愛六國，會只傳兩世嗎？這是在為秦王設想吧？

如果希望後人不復哀後人，應該擔心秦王只愛自己，不愛天下的人才對吧！所以才會開始思考：該如何採取制度性的辦法，來防止君王獨斷獨行呢？簡單地說，不要為王設想如何馭民，而是應該為民設想如何馭王，才是道理！

推定有罪，動輒刑求，寧可錯殺，不可錯放，是馭民的思想；推定無罪，不許刑求，寧可錯放，也不錯殺，則是馭王之道。

讀者不妨設想自己是位立法委員，請問你是打算為人民寫法律來控制國王的政府呢？還是只想為國王的政府控制人民呢？

「可是現在已經沒有國王了啊！為什麼還要這樣想問題呢？」你可能這麼問。

那要不要想一想，要不要設法（立法）防止政府中還有國王的陰魂不散，有一天想要復辟了呢？防止國王復辟的想法，就是防止國王去而又來、借屍還魂。如果想當國王的人，自己改戴一頂冠冕，不叫皇帝，而叫元首，而叫總統，而叫執政，而叫國家主席，而叫政黨總裁……；或者改一個名字，叫希特勒，叫拿破崙，叫東條英機，叫曹操，叫袁世凱……，或者學路易十四那樣，自稱「我就是國家」呢？

要不要想一想，是什麼時候發生了什麼事，寫了什麼法，才使得國王消失了呢？消失的國王，不會不聲不響地回來嗎？

是因為人民起而革命成功，還是因為最後出現了一部民主憲法，才真正使得國王消失了呢？想要復辟的國王，會不會想要自己寫憲法呢？滿清朝廷不也曾說想要立憲嗎？滿清朝廷第一次寫出憲法，稱為《欽定憲法》，是為人民設想怎麼控制朝廷、怎麼控制皇上嗎？還是在想怎麼穩固皇帝的江山，怎麼控制人民不要造反呢？由國王寫憲法，寫出來的能算是憲法嗎？為國王寫憲法，寫得出控制國王的憲法來嗎？國王用選的，由全體人民選出，就可以交由他寫憲法了嗎？

為國王寫憲法的人，能是人民的代表嗎？人民的代表如果不是為人民書寫，而只是成為想要控制人民的政府、或是只因自己想要控制人民而寫，寫得出憲法來嗎？

為人民發聲的人是民意代表，為國王做事的人是官吏。民意代表不能做官，不能兼任官吏，想做官的民意代表，應該視為自動詞職；這正是中華民國大法官依據我國憲法第七十五條寫出的第一號憲法解釋！立法委員不能兼任官吏，因為他是人民的代表，不是官員，是民方，是要控制王方或官方的人，不能成為王方或官方的人，或是忽然化身為王方或官方的人。這個道理，不只寫在美國的《憲法》之中，其實也源於英國的憲政思想。

人民的代表，不能做國王的爪牙。如果是由國王（或是國王的官吏或是爪牙）來寫憲法，所寫的憲法會保證人民享有權利，如果國王或官吏侵犯人民的權利，國王（或國家，朕即國家的國家）要賠嗎？

國王或者國家打破了權利要賠，在八世紀前首次寫入了英國的《大憲章》，也在七百餘年之後寫入了《中華民國憲法》（二十四條）之中，在中土世界的歷史上也是第一次。兩者所以如此相似，因為都是前所罕見地為每位人民（的權利）設想的結果。

如果有人問，公務員做錯事，為什麼國庫要賠？為什麼要納稅人賠？那就似已轉換了立場，為國家或集體（納稅人集體）而不是為受害的人民想問題了。為受害的人民設想就會問一句，犯錯的公務員當然該賠，他在國家派他做事時犯錯，國家不該賠嗎？如果你就是受害人，如果聽到國家（或國家的法院）說，他為國家做事，但國家可沒叫他做錯事，他做的錯事與國家無關，你會服氣嗎？他頤指氣使的時候是仗著國家給的身分，國家給的身分不就常是部分官員倚勢濫權的張本嗎？國家提供賠償，不正該是給予政府官員權力身分所應該預計在內的機構成本嗎？如果設置了一部好用的機器（政府），但偶爾會發出個釘子打傷路人，不該準備賠償路人的預算嗎？公僕在執行職務的時候傷人，公僕的主人不該賠償嗎？主人是一般人還是國王還是全體人民，答案應該不一樣嗎？受害人，應該自認倒楣嗎？

國王書寫並執行法律，顯而易見的好處，是建立秩序，因為鞏固政權需要秩序，民為邦本，本固邦寧，建立可以控制人民的社會秩序，政權穩固也就夠了！為王畫策立法，最簡單的邏輯會不會是，因為只要國王是個好人，專制獨裁就是最佳治理方案呢？這個邏輯的背後有個盲點，為國王畫策的人，誰會說國王不是個好人呢？

但換成人民代表為了人民寫法律，不只是要建立秩序，即使已無國王存在，也還要控制政府，絕不能為了建立或維持秩序而又容許國王復辟，回到權力無邊而可毫無顧忌地傷害人民的時代。就算國王是個好人，政府也是為人民設想的好政府，要是他明天變壞了怎麼辦？

還值得再想一想，究竟該由誰來為人民寫法律？「法，非自天降，非自地出，發乎人間，合乎人心而已。」法不是神的旨意，不是天命所寄，不是真理，而是依民意而生、人為的產物，是建立秩序的規範，重點是，應該為了人民能夠得到最低限度的權利保障而建立法秩序。

那該由誰能為了人民的利益制定法律呢？即使在今天網路通訊如此發達的時代，人民也不可能天天透過網路或手機進行討論或表決而制定法律。人民可也不能只選出一個人來授與他為人民立法的權力，那我與選舉一位可以獨裁的國王或皇帝沒有多大差別，因為任何一個人單獨掌握立法的權力，就很容易成為口銜天憲的獨裁者，難以節制，而與民主制度互不相容。這也就是為何民主國家即使採取直選的方式產生國家元首，他（她）也不會是民意代表；如果還以民主之名而容許其大權在握，那又與定期選出皇帝君臨天下有何不同？或許這位民選的皇帝還會自詡有選票支持呢！

所以不可避免地，必須由人民選出許多代議士來代表人民立法。民意代表，為人民寫法律，首要的目的是依據憲法的意旨與明確的法律來駕馭政治權力。民意代表自己也必須遵守議會寫的法律。

為了防止為人民寫法律的人自己想要染指政府的權力，一個重要的辦法，就是交由行政部門（而不是由議會）執行議會通過的法律。行政部門手中握有執行法律必須擁有的武力（例如警察）與金錢（一稱為預算）以及可以指揮的人員（文官制度裡的公務人員，還有軍隊），必然是權力分立制度中，最具實力的部門，但也是最可能具有擴權野心而重回集權統治地位的職位。因此有些國家的憲法就進一步區分國家元首與行政首長，使之成為不同的權力部門而具有制衡關係，做為防止國王復辟的設計。

當代法治國家還會再將權力拆成不同而且可以相互制衡的部門。譬如說至少劃分為行政部門與司法部門（也就是法院），使他們互不隸屬，因此也為他們各自劃出權力的界限之後，再由他們各自在權限範圍內自行運作。行政部門的權力是用來執行代議士在議會中寫下的法律；司法部門則是在行政部門執行法律之後，依人民請求於審查行政部門的執法是否違反了法律。

當立法的權力與執行法律的權力與司法審判的權力分開運作時，各自的權力都有不可逾越的權力界限；互為犄角而相互制衡的結果，人民受到權力侵犯的機會，當然就會比權力集中在國王手中減少許多。如果分立的部門，都懂得法治的道理，而能逐漸養成某些足以約束自身的慣行（在英國稱之為 convention，一般譯為憲政慣例），那就能進入民主法治真正成熟的境界了。

法院必須依法審判，所依據的法當然包括憲法與法律。人民的代表，掌握憲法的基本要義，從保障人民的基本權利出發制定馭王而非只是馭民的法律，司法根據馭王的法進行審判，同樣必須拿出馭王的手段，保障人民最基本的權利不受政府侵犯。審判依循先例，則是成熟的司法所形成的自我約束慣行。

習於思考馭王之法還是只思馭民之法，是一個文化問題。例如政府不殺人這件事，是權力的界限，還是國王（或國家）的恩典呢？抱持馭王之法的觀點，很可能會認為政府不該殺人，應是行使權力的界限（就不會像歐陽觀一樣以為非殺人不可）；抱持馭民之法的觀點，則會認為國王殺人天經地義，不殺人則是國王的恩典（就像帝王時代蘇東坡說的刑賞忠厚之至一樣；或像歐陽觀一樣，恐怕從來不曾想過不殺人可能是統治者權力的界限的道理）。傳統文化中，法官當然是奉皇命行事的官員，想的盡是勤王之事、馭民之法，毫無探索馭王之法的念頭。馭王的念頭，在帝王時代，聽起來甚至是大逆不道的想法哩。提倡禮教的儒家思想，一向以為「學而優則仕」，通俗的說法則是「學成文武藝，貸與帝王家」。士，或是知識分子，心中當然只會服務君王，思考馭民之法；充其量只會歸去來兮，效法老莊，隱遁山林；幾千年來發展不出馭王之法，毫無足怪。

相關的文化問題，其實還有：獨立審判的法官該是接受上級指揮之文官體制中的一員嗎？案例法社會的法官，並不屬於文官體制。民國成立之後，曾有相當的一段時間，使用「推事」或「評事」的稱呼取代「法官」的頭銜，司審判的人至少在名稱上不似上命下從的官僚體系的一環。最後仍然不敵長期的文化習慣，沿襲「官」的名稱，不免也會助長了審判者是只知馭民的「官」的誤會。

在常見的兩種訴訟型態之中，刑事訴訟通常是由檢察官追訴平民被告的刑事責任；行政訴訟則幾乎必是由人民告官，主張政府行事違法。這兩種訴訟有一項共同點：當事人的一方是人民，在法庭上面對的另一方恆是政府官吏。我國歷年的統計數字顯示，刑事訴訟中檢方的定罪率，明顯超過九成；行政訴訟中的人民原告，歷年來的勝訴率都常在百分之五到百分之十之間。這樣的比率，會不會使得兩種訴訟中都在從事司法審查的法官顯得多餘呢？如果法官們都是盡心發揮馭王功能，會長期出現這樣的訴訟結果比率嗎？

法官們若是只知馭民而普遍缺乏依法馭王之心，人民權利的保障足夠嗎？能夠成就法治嗎？這會不會是法院長期公信力不足的真正原因呢？

反過來說，什麼樣的社會出什麼樣的法官；法官們普遍缺乏依法馭王之心，會不會與人民也普遍缺乏馭王之心有關呢？沒有憲政傳統的國度，人們原就缺乏馭王之心，況是已經進入了看不到國王存在的時代；法官如也缺乏馭王的警覺與修養，將如何防止國王復辟呢？

不是危言聳聽，只有勤王之志卻缺乏馭王之心的社會，就是出現保皇黨的淵藪。還記得光緒皇帝的故事嗎？戊戌變法的目的不該是變法嗎？變法的結果，就是皇帝失權，可是主張變法最力的康有為後來卻一心寄希望於光緒皇帝，成了保皇黨的領袖，難道不也是缺乏馭王之心，以致忘記了（或根本不明白）變法的道理不在有沒有皇帝或國王，而在不許任何人專制呢？保皇黨，會希望國王無權嗎？

不妨再問一個問題：國王可以參加政黨嗎？國王可以成為一個政黨的黨魁嗎？以國王為黨魁的政黨，不會成為保皇黨嗎？保皇黨身為國王的人馬，會是為人民馭王的僕役嗎？

沒有國王的國度，國王的權力哪裡去了呢？權力分立的國家機器中，國王的權力去了哪裡呢？失去了立法權、司法權的行政權，不就是殘餘的王權嗎？殘餘的王權，會不會藉由保皇黨的壯大，重新試著控制立法與司法，聚攏已經分散開來的立法權與司法權，企圖復辟呢？

國王能不能復辟，繫於三個前提。第一，掌握立法權的國會之中，民意代表會不會一心想做官，失去了馭王之心，也毫無防止國王復辟的警覺，因而自願成為國王的人馬呢？

第二，不應該是官而該是獨立審判的司法，會不會欠缺馭王之心，也無防止國王復辟的警覺，而總是在審判之中，判政府勝訴、人民敗訴呢？

第三，人民是否普遍缺乏馭王之心，也無任何防止國王復辟的警覺，因此希望自己支持的政黨大權在握，聽由自己支持的政黨黨魁可以收攬所有的權力，長期執政、絕對執政，而在不知不覺之中，成了政黨的附屬與勤王部隊呢？

如果人民沒有馭王之心，根本不介意專制，不擔心國王復辟，不防止，甚至一心勤王迎接而傾心專制重來，不就是德國當年希特勒當家，造就獨裁以追求國族光榮，以致民主崩潰、無數人民走入集中營的故事嗎？不也就是為什麼古今中外數千年來無數的惡君此起彼落、了無休止的緣故嗎？

其實，難道不也是因為人們根本不重視權利的緣故呢？要享有權利，必須要有馭王之法的整套制度，而且堅持依法馭王；因為，得不到救濟的權利，只是空談。如果根本不覺得權利就是必須實現的正義，恐怕注定不會得到法治正義。了解馭王重要，就能體會這層道理。

對歷史上沒有深遠憲政傳統的國度而言，立憲就是變法滿清認為受到外國欺凌，終於決定變法，正就是制定《中華民國憲法》的始因。於此值得澄清兩事，第一是滿清雖受外國欺凌，但是變法的決定卻是自覺的行動，並沒有任何外國壓迫滿清立憲（當年日本明治維新的情況也完全一樣）。第二，憲法的目的不是富國強兵，而是馭王保民。我國傳統文化中長期欠缺馭王保民的制度，立憲正是馭王保民思想的產物，足以防止專制或權力集中所必然帶來的惡害。如果上述〈阿房宮賦〉的末段有任何啟示意義的話，那該是要懂得接納並體會馭王的思維來控制馭民的權力；否則，歷史的循環只怕仍然會是難以改變的歷史宿命。

尾聲
彼可取而代之？

有獨夫即使如秦始皇者，也不乏有起身反抗的人。不說刺客荊軻還有張良的力士，都以失敗告終；起而革命終告成功如項羽、劉邦者，他們面對秦始皇時，也只不過是想「彼可取而代之」、「大丈夫當如此也」，其願望則同樣是師法秦始皇。中土世界直到明清之際，從來無人設想過有什麼適當的辦法，建立起某種制度，可以有效地防止歷史重演。於是數千年來，不過就是由劉邦、李世民、趙匡胤、忽必烈、朱元璋……去而復來地取代秦始皇，輪流扮演權力無限的統治者，重覆著彼可生殺予奪的血腥專制而被統治的人民始終束手無策的命運。

簡言之，數千年來所缺乏的，就是定期交由全民為最後的決定，可以和平轉換政權的制度性辦法，做為防止政府腐敗的控制機制。定期選舉甚或隨時可能進行改選的民主國會還有政府，不需要流血革命做為撤換政府的最後手段，正就是民主國家防制政府腐敗的制度起點。這個辦法能運作成功，還繫於一個基本而要緊的正確觀念。

人們真正應下決心重新建立的正確觀念是，治理國家，不能只思如何馭民，還要從馭王著眼著手，才能避免重蹈覆轍。不為別的，只是因為權力有惡，也必將為惡，所以不能沒有制度性的防制之道。這個世界上，有的國度已經想出了辦法，可供學習；簡單地說，就是養成法治習慣、遵守民意，篤信依法治理、無人可以不受法律拘束，使用訂立契約、制定憲法、書寫權利帳單、設計權力分立機制、選舉民意代表制定法律，司法獨立審判，乃至遵守憲政慣例種種辦法，做為每個人都能獲得正義的終極保障。

法治是一種文化，不是固有的刑治文化，而是必須重新培養的民主共和國文化，也不是寫出一部憲法（即使是一部完美的憲法典）就可以辦到的。在寫了憲法之後，還要長期據以施行，形成憲政文化，才能長期防止國王復辟。

只尚馭民的國度，必有騎在人民頭上的政府；建立馭王文化，懂得下定決心馭王，設計法律程序馭王，而且決不鬆手的國度，人民才能控制政府，政府才不敢，也不能，在任何時候騎在人民的頭上。

懂得取王的民主制度究竟是什麼？民主是，品質由選民每人自行決定，共同經營這個自福自享或是自作自受的制度。每位選民都要自愛，不能任性，否則就會產生任性的王與政府，堪虞的後果，由選民自負。而若是不要民主，只怕更糟；因為一旦專制獨夫復辟，任性的機率更高。

只是從無到有的民主學步過程，需時很長，更會經常犯錯，也怕會要付出重大的代價。所犯的錯誤愈大（如選舉選出獨夫或是不適格的民意代表），代價愈高。英國憲政走了四百七十年，才有光榮革命；德國威瑪憲法十年之後，就有了希特勒；美國立憲經歷了兩百五十年，則也還會出現川普。

而人類各自處身的究竟是聰明還是愚蠢的社會，也只能由自己提供答案。可以確信的是，獨夫專制，應由民主制度取而代之；民主制度並不完美，卻似是無可取代，人民必須懂得珍惜手中的選票，因為稍一不慎，取而代之的就是復辟的領袖，威權專制。

索引

九劃

十劃

十一劃

十二劃

十三劃

十四劃

十五劃

Essential YY0950

法治東西談

East and West Stories: Portraits of the Rule of Law

作者

李念祖

東吳大學法律學研究所、台灣大學政治學系兼任教授。

學歷：哈佛大學法學碩士、台灣大學法學碩士、東吳大學法學士。

榮譽：東吳大學傑出校友、中華民國仲裁協會名譽理事長。

律師，曾任理律法律事務所所長。長期投入憲法訴訟與公益事務，曾應憲法法庭邀請擔任釋七九一、六八九、五八五等號解釋專家鑑定人，曾於釋字七九四、七八二、七六三、一一二憲判字第九號、一一三憲判字第三號、一一三憲判字第八號等數十起案件代理聲請釋憲，以期保障憲法基本權利、實現法治公平正義。

曾任台北律師公會理事長、中華民國仲裁協會理事長、中華民國國際法學會理事長、中華民國台灣法曹協會理事長、中華民國憲法學會祕書長。

著有：《司法者的憲法》、《人國之禮：憲法變遷的跨越》、《案例憲法》等書。

合著有：《基本人權》、《台灣與民主的距離》、《解構美國》等書。

作　者　李念祖
封面設計　陳恩安
內頁排版　唯翔工作室
責任編輯　陳彥廷
行銷企劃　黃蕾玲、陳彥廷
版權負責　李家騏
主　編　詹修蘋
副總編輯　梁心愉

初版一刷　二〇二五年八月四日
定價　新臺幣五四〇元

ThinKingDom 新経典文化
發行人　葉美瑤
出版　新經典圖文傳播有限公司
地址　10045臺北市中正區重慶南路一段五七號十一樓之四
電話　02-2331-1830　傳真　886-2-2331-1831
讀者服務信箱　thinkingdomtw@gmail.com
粉絲專頁　https://www.facebook.com/thinkingdom/

總經銷　高寶書版集團
地址　11493臺北市內湖區洲子街八八號三樓
電話　886-2-2799-2788　傳真　886-2-2799-0909
海外總經銷　時報文化出版企業股份有限公司
地址　333桃園縣龜山鄉萬壽路二段三五一號
電話　886-2-2306-6842　傳真　886-2-2304-9301

國家圖書館出版品預行編目（CIP）資料

法治東西談／李念祖著. -- 初版. -- 台北市：新經典圖文傳播有限公司，2025.08

368面；14.8×21公分

ISBN 978-626-7748-06-0（精裝）

1.CST：法律哲學

580.1　　114006668